U0454982

南昌师范学院教育学院一流学科建设丛书

区域视角下的农村义务教育高质量发展研究

王明露◎著

江西省社会科学「十三五」规划青年项目「罗霄山片区农村义务教育质量问题研究」[16JY34]研究成果

湖南大学出版社

·长沙·

图书在版编目（CIP）数据

区域视角下的农村义务教育高质量发展研究/王明露著. —长沙：湖南大学出版社，2022.12

（南昌师范学院教育学院一流学科建设丛书）

ISBN 978-7-5667-2744-2

Ⅰ.①区⋯　Ⅱ.①王⋯　Ⅲ.①乡村教育—义务教育—发展—研究—中国　Ⅳ.①G522.3

中国版本图书馆 CIP 数据核字（2022）第 220418 号

区域视角下的农村义务教育高质量发展研究
QUYU SHIJIAO XIA DE NONGCUN YIWU JIAOYU GAOZHILIANG FAZHAN YANJIU

著　　者：王明露

责任编辑：周文娟

印　　装：长沙创峰印务有限公司

开　　本：710 mm×1000 mm　1/16　　**印　　张：**13.5　　**字　　数：**194 千字

版　　次：2022 年 12 月第 1 版　　　　**印　　次：**2022 年 12 月第 1 次印刷

书　　号：ISBN 978-7-5667-2744-2

定　　价：60.00 元

出 版 人：李文邦

出版发行：湖南大学出版社

社　　址：湖南·长沙·岳麓山　　　　　**邮　　编：**410082

电　　话：0731-88822559（营销部），88821327（编辑室），88821006（出版部）

传　　真：0731-88822264（总编室）

网　　址：http://www.hnupress.com

电子邮箱：158854174@qq.com

版权所有，盗版必究

图书凡有印装差错，请与营销部联系

前　言

　　教育是国之大计、党之大计，是功在当代、利在千秋的德政工程。习近平总书记指出："教育兴则国家兴，教育强则国家强。"党的二十大报告在"办好人民满意的教育"中，明确提出"坚持以人民为中心发展教育，加快建设高质量教育体系"的政策导向和重点要求。迈入新时代，把握新机遇，迎接新挑战，建设高质量教育体系是锚定2035年远景目标，助推中国式教育现代化，推动我国由教育大国成为学习大国、人力资源强国和人才强国的重大战略决策。

　　农村义务教育既是国民教育事业的重要组成部分，也是建设高质量教育体系的重点领域。自新中国成立以来，在相当长的一段历史时期内，"穷国办大教育"一直是我国教育事业发展面貌的真实写照，城市教育优先的发展思路所导致的农村教育投入相对不足，也一直是制约我国农村教育改革发展的主要因素之一。同时，"重点先行"的发展战略，以"点"带"面"，借助"示范"或者"辐射"实现整体提升的发展思路，也一直指导着我国教育发展的理论和实践。它有效地推动了我国城乡教育事业的快速发展，但由此，带来了城乡教育发展的明显差距，形成了"城强乡弱"的教育发展格局。在城乡之间，农村教育一直处于边缘地位，城市教育的发展思路和发展模式得到普遍认可和接受，而这又很难适应农村教育的实际情况。城乡教育发展不平衡不充分的问题是制约义务教育高质量发展的主要障碍之一。步入中国特色社会主义新时代，建设高质量教育体系，全面构建教育新发展格局，以教育新发展格局打开发展新局面，是开启全面建设社会主义现代化国家新征程、向第二个百年奋斗目标进军的重大战略部署，而以农村义务教育的充分发展为途径，推动农村义务教育高质量发展，是建设高质量教育体系的内在要求和题中之义。

教育的一切活动都离不开一定的空间地域，发展教育需关注区域因素。农村义务教育存在于特定的区域之中，是特定区域教育体系的重要组成部分。除了具有强制性（义务性）、免费性（公益性）和统一性的特征外，农村义务教育还具有显著的区域性特征。特定区域中的经济、社会、自然、人口、历史、文化等因素，建构起农村义务教育发展特有的教育生态。同时，特定区域所具备的政策优势为区域内部的农村义务教育带来独有的发展红利，由此也决定着农村义务教育的发展状态与进程，并进而形成区域教育的发展差异。在推动城乡教育平衡充分发展的时代进程中，助力农村义务教育，树立以提高质量为核心的教育发展观，不但是办人民满意教育的重要途径，而且是推动农村义务教育充分发展、有效破解区域教育发展失衡的重要思路。

新时代的农村义务教育的硬件设施早已今非昔比，走进农村学校，就不难发现农村学校的校舍、器材、现代化的教学设备不逊于城市学校。因此办学条件薄弱、学校硬件设施缺乏等诸多在教育资源相对匮乏的年代而被广泛关注的问题，早已不再是掣肘农村义务教育发展的主要问题。但是在全面构建教育新发展格局的进程中，农村教育模仿城市办学而缺乏特色，农村学校立足乡土却难接地气，农村教师缺乏乡土认同且流动性大，农村儿童"向城而学"加剧农村学校空心化等问题越发凸显。站在历史新起点的农村义务教育，恰逢迈向中华民族实现伟大复兴的关键时期与世界百年未有之大变局进入加速演变期。新时代的农村义务教育，如何抓住乡村振兴、新型城镇化以及城乡融合发展等时代机遇办出自身特色，建立以提高教育质量为导向的管理制度和工作机制，实现农村义务教育整体性流程再造、机制以及文化重塑，进而形成充满活力、富有效率和更加开放的教育生态，从而更好地满足人民群众日益增长的接受高质量教育的迫切需求，是在实现高质量发展、融入新发展格局进程中亟待解决的问题。在从教育大国向教育强国迈进的历史征程中，农村义务教育高质量发展的目标更加鲜明，机遇和挑战更加明显，期待也愈加迫切，由此也决定了农村义务教育的高质量发展必然呈现出新的发展形态、发展方式和发展格局。农村义务教育继续前行任重道远！

本书共分八章，具体内容如下：第一章是绪论；第二章是农村义务教育高质量发展的研究进展；第三章是政策演进：农村义务教育高质量发展的实践理路；第四章是质量标准：农村义务教育高质量发展的判断依据；第五章是质量均衡：农村义务教育高质量发展的行动指向；第六章是质量保障：农村义务教育高质量发展的重要机制；第七章是薄弱学校：农村义务教育高质量发展的关键环节；第八章是教师和留守儿童：农村义务教育高质量发展的重点群体。

得益于江西省社会科学"十三五"规划青年项目"罗霄山片区农

村义务教育质量问题研究"［项目编号：16JY34］的资助，本书才得以系统地梳理和思考。本书在撰写的过程中，得到南昌师范学院教育学院院长张劲松教授的关心与支持。湖南大学出版社对本书的出版给予了大力支持，编辑周文娟女士为本书的出版付出了大量的心血，在此深表感谢！同时，在写作过程中，参阅并借鉴了国内外学者的相关著述，在此向原著作者表示真诚的感谢。

由于时间和精力有限、理论和经验的不足，书中难免存有疏漏之处，恳请读者不吝指教。

王明露

2022 年 8 月于文心楼

目 录

CONTENTS

第 一 章

绪　论

第 一 节

研究背景与意义

一、研究的背景

（一）农村义务教育是建设高质量教育体系的重点领域

义务教育是国家统一实施的所有适龄儿童、少年必须接受的教育，是国家必须予以保障的公益性事业。[1] 义务教育的实质，是国家依照法律的规定，对所有适龄儿童和少年实施的具有一定年限的强制教育的制度。自义务教育制度建立以来，其逐渐被世界各国所接纳和完善，义务教育也被认为是增进民众福祉、实现国家富强以及民族振兴的重要途径，强制性（义务性）、免费性（公益性）和统一性成为义务教育实施的重要原则。1986年公布实施的义务教育法提出我国实行九年义务教育制度，即小学六年，初中三年。1993 年，我国出台了《中国教育改革和发展纲要》，正式将基本普及九年义务教育和基本扫除青壮年文盲作为新的奋斗目标。随后，我国相继实施了农村义务教育经费保障新机制和"两免一补"等重要政策，不断推动农村教育事业取得跨越式发展。2011 年，所有省（区、市）通过了国家"普九"验收，我国用 25 年全面普及了城乡免费义务教育，从根本上解决了适龄儿童少年"上学难"的问题，为提高全体国民素质奠定了坚实基础。[2] 至 2021 年，全国共有义务教育阶段学校 20.72 万所，其中，普通小学 15.43 万所，初中 5.29 万所（含职业初中），另有小学教学点 8.36 万个。招生 3488.02 万人，在校生 1.58 亿人，其中，小学招生 1782.58 万人，在校生 1.08 亿人；初中招生 1705.44 万人，在校生 5018.44 万人。小

---

[1]《中华人民共和国义务教育法》，2018 年修正版。
[2]《关于深入推进义务教育均衡发展的意见》（国发〔2012〕48 号）。

学专任教师 660.08 万人，初中专任教师 397.11 万人。九年义务教育巩固
率 95.4%。[1]

党的二十大报告提出了与时俱进的新要求，把高质量发展摆在更加突
出的位置。在贯彻新发展理念，推动高质量发展的时代主题下，"建设高
质量教育体系"是有效服务我国经济社会高质量发展的应有之义。当前，
我国义务教育事业的发展，已经由起初外延式发展的普及化和均衡化阶
段，转向高质量发展的全新阶段。高质量发展是义务教育贯彻新发展理
念，构筑新发展格局的时代命题。在义务教育体系中，农村义务教育不但
承载着为学生终身可持续发展而奠定基础的历史重任，同时也肩负着服务
乡村振兴战略，助推农业农村现代化的时代使命。在发展已达到历史新高
位的背景下，满足新时代对农村教育发展的新要求，以高质量发展为统
领，将高质量摆在更加突出的位置，无疑是我国农村教育转型升级的重要
战略抉择，同时也必将成为我国农村教育进一步深化发展的任务、主题和
重点。[2] 立足于时代变局的宏观背景中，把高质量发展作为农村义务教
育改革发展的行动遵循和内在要求，深刻领悟农村义务教育高质量发展的
战略选择，准确把握农村义务教育高质量发展的理论内涵和构成要素，从
而实现农村义务教育"整体性流程再造、机制塑造和文化打造"[3]，是农
村义务教育实现跨越式发展的重要路径。

（二）区域发展特征构建农村义务教育发展的教育生态

教育总是存在于特定的区域之中，是特定区域教育体系的重要组成部
分。各级各类教育除了具有各自独有的发展特征，还具有显著的地方性特

[1] 2021 年全国教育事业发展统计公报[EB/OL]. http://www.moe.gov.cn/jyb_sjzl/sjzl_fztjgb/202209/t20220914_660850.html.
[2] 朱德全，石献记. 新时代农村教育高质量发展的价值理性[J]. 民族教育研究，2022，33(2)：6.
[3] 陈宝生. 建设高质量教育体系 加快建成教育强国[J]. 旗帜，2020(12)：9.

征，即区域性特征。早在 2010 年，我国在发布的《国家中长期教育改革和发展规划纲要(2010—2020 年)》中，就明确了区域教育的发展要求，提出到 2020 年，全面提高普及水平，全面提高教育质量，基本实现区域内均衡发展。一方面，特定区域的社会经济发展环境，决定着其能够为教育发展提供何种经济条件，其中的人口、历史、文化等因素则塑造着当地居民的教育观念和教育意愿，并决定着其愿意为教育营造何种发展环境，由此也构建着教育发展可能的空间环境。我国地域广袤，无论是在东部沿海地区，还是在中部或西部内陆地区，教育事业的发展都必然要立足而不能脱离区域社会经济的发展水平，进而谋求教育的优质发展同区域社会经济发展的协调，并在此基础上培养区域经济社会发展所需要的人才。根据第七次全国人口普查数据可知，全国 15 岁及以上人口的平均受教育年限由 2010 年的 9.08 年提高至 2020 年的 9.91 年。但是，在全国 31 个省份中，平均受教育年限在 10 年以上的省份有 13 个，在 9 年至 10 年之间的省份有 14 个，在 9 年以下的省份有 4 个。[1] 全国 15 岁及以上人口的平均受教育年限最高的是北京，为 12.64 年，其次是上海和天津，分别为 11.81 年和 11.29 年，最低的是西藏，为 6.75 年。区域发展制约和影响教育发展，由此可见一斑。另一方面，为解决区域发展不平衡的问题，我国根据区域发展的实际情况所实施的一系列重大的战略工程，往往具有较强的区域特征，其为教育发展所带来的各种政策红利，也往往局限于特定的区域。如我国实施的中部地区崛起、长三角区域一体化、西部大开发、粤港澳大湾区建设、振兴东北、京津冀协同发展等重大战略工程，都具有明显的区域边界，而存在于其中的教育事业也因实施发展战略的差异，享有不同的发展机遇，从而构建着不同的教育发展的生态系统。

当前，我国义务教育迈入全面提高育人质量的新发展阶段，其发展的

----

[1] 第七次全国人口普查公报(第六号)[EB/OL]. http：//www.stats.gov.cn/xxgk/sjfb/zxfb2020/202105/t20210511_ 1817201. html.

核心目标是要建立起公平、优质、高效的教育新格局，而教育新格局必然是建立在特定区域上的。同时，解决义务教育发展的区域不平衡问题，对于实现区域义务教育平衡充分发展，加快推进国家教育现代化建设、促进社会代际阶层流动有着极为重要的现实意义。[1] 因而，推动农村义务教育高质量发展，需要立足区域，对于区域发展给予足够的关照。不同区域中的经济、社会、生物、气候、人口、历史、文化等因素有着很大的差异，由此也制约着特定区域中农村义务教育的办学规模、形式、管理方式、教学方法等。由于区域特征的差异，所构建的农村义务教育发展的教育生态的差异，既是农村义务教育所面临的特殊发展困难的重要根源，同时也是推动农村义务教育实现差异化办学，在办学中形成各自发展特色的重要基础。总之，立足区域研究农村义务教育，深刻理解农村义务教育改革发展的区域性特征，是有效把握区域内农村义务教育发展水平，科学研判区域间农村义务教育均衡发展差异，谋划未来农村义务教育高质量发展路径的先决条件。

（三）新时代的农村义务教育融入新发展格局

巩固和提高农村义务教育的质量，是事关千家万户的民生问题，是国家、社会和家庭关心的重要议题。2017 年，党的十九大作出了"我国社会主要矛盾已经转化为人民日益增长的美好生活需要和不平衡不充分的发展之间的矛盾"的重要论断，并明确提出优先发展教育事业，要求高度重视农村义务教育，努力让每个孩子都能享有公平而有质量的教育。作为新时代我国深化教育教学改革以及全面提高义务教育质量的纲领性文件，2019年出台的《关于深化教育教学改革全面提高义务教育质量的意见》（以下简称"意见"），其重要地位和重要使命不言而喻。意见旗帜鲜明地提出"坚持

---

[1] 邓创，曹子雯. 中国教育发展的区域不平衡特征与优化路径[J]. 教育与经济，2022，38(3)：41.

'五育'并举，全面发展素质教育"的意见，明确了新时代发展素质教育的主要内容，并提出了一系列新举措，为义务教育的高质量发展提供了强有力的政策支撑。2020年，我国小学阶段有在校生1.07亿人，其中，乡村有小学在校生2450万人，占比约为22.8%。初中在校生人数4914万人，其中乡村有初中在校生637万人，占比约为13.0%。[1] 因而，农村义务教育既是我国义务教育高质量发展的重要方面，同时又是义务教育改革的重点领域和难点所在。尤其是在义务教育基本均衡全面收官、优质均衡全面铺开的伟大进程中，农村教育事业步入了全新的发展阶段。

党的十九届五中全会明确提出"不断提高贯彻新发展理念、构建新发展格局能力和水平，为实现高质量发展提供根本保证"[2]。教育是国之大计、党之大计，全面构建教育新发展格局，以教育新发展格局推动形成发展新局面，是新时代社会主义现代化国家发展的新征程，是向第二个一百年发展的重大战略部署。新时代的农村义务教育既处于新的历史发展阶段，也处于历史高位的发展水平。面向2035年教育强国建设的宏伟目标，要把握新时代农村义务教育改革发展的新要求和新定位，把握新发展格局对增强教育服务能力提出的新要求，构建农村义务教育的新发展格局，推动农村义务教育在变局中开新局，就必然要正面回应农村义务教育高质量发展这一个时代命题。新时代的农村教育事业的改革与发展，恰逢迈向中华民族实现伟大复兴的关键时期与世界百年未有之大变局，由此注定了农村义务教育必须实现高质量发展以融入新发展格局，拓展发展新空间；由此也决定了农村义务教育的高质量发展必然呈现出新的发展形态、发展方式和发展格局。

---

[1] 数据来源于教育部2020年教育统计数据，百分比由相关数据计算而成。

[2] 《中共中央关于制定国民经济和社会发展第十四个五年规划和二〇三五年远景目标的建议》。

二、研究的意义

(一)有利于办好人民满意的农村教育

教育兴则国家兴，教育强则国家强。教育是民生工程和民心工程，是成就未来的事业，承载着千万家庭对美好生活的向往。在 2018 年召开的全国教育大会上，习近平总书记强调要办好人民满意的教育。办好人民满意的教育，是建设教育强国的需要，更是提高人民综合素质、促进人的全面发展的需要。义务教育是生命个体成长发展奠基性的教育，办好人民满意的义务教育，是使全体人民更多更公平地享受教育改革发展成果，有效提升人民群众的获得感、幸福感、安全感的重要途径。1986 年，我国提出普及九年义务教育，至 2011 年，我国已全面普及了九年义务教育，至 2021 年，全国 31 个省(区、市)和新疆生产建设兵团的 2895 个县都实现了县域义务教育基本均衡发展。[1] 我国义务教育基本均衡发展国家督导评估认定工作的收官，是我国义务教育事业发展进程的又一个具有重要里程碑意义的事件，标志着我国义务教育事业开启了新的篇章。

随着义务教育优质均衡地深入推进，我国农村义务教育事业的面貌日新月异，农村义务教育管理体制改革也取得了突破性进展，但农村义务教育仍面临许多极为严峻的挑战，如办学的自然环境和经济环境较差、教育投入相对不足和经费使用不合理、区域发展不均衡、办学条件和师资力量较为薄弱、社区和家庭参与的积极性低、控辍保学压力大等。在迈向第二个百年新征程中，构建高质量发展教育体系是我国教育改革发展的重要目标。而提升农村义务教育质量就是要补齐短板和攻克改革的难点，这是办好人民满意的农村教育所不能回避的一个现实问题，同时也是在深化教育

---

[1] 全国县域义务教育基本均衡发展国家督导评估认定收官[EB/OL]. http：//www. moe. gov. cn/s78/A11/s8393/s7657/202205/t20220505_ 624731. html.

领域综合改革过程中一个要长期面对的课题。对农村义务教育高质量发展进行研究，有利于对农村义务教育发展的现状进行把脉，明确偏远地区农村义务教育发展与改革的历史方位，进而科学研判农村义务教育事业发展的特殊困难及其症结所在，从而为持续推进农村义务教育高质量发展提供思路。

（二）有助于深度践行教育公平

义务教育不仅关系个体一生的成长与发展，也是提高全民素质的战略基础，更是国际人力资源竞争的核心。从学生层面来看，能否平等地接受义务教育将影响其一生的学业成就和整体发展。九年义务教育是人生连续受教育时间最长的阶段，是打牢人生基础的关键阶段，对人的发展和未来幸福具有决定性影响。[1] 公平是义务教育阶段的基本价值取向，属于公共基本服务必须优先保障的范围。2010 年，我国发布的《国家中长期教育改革和发展规划纲要（2010—2020 年）》提出，"把促进公平作为国家基本教育政策""把提高质量作为教育改革发展的核心任务"。2019 年出台的《中国教育现代化 2035》，明确提出着力提高教育质量，促进教育公平。由此可以看出，教育质量与教育公平两者之间有着密不可分的内在关联，教育公平和教育质量相互促进又相互制约，教育公平与教育质量的价值取向具有高度的一致性。[2] 对教育质量的追求绝不能够以牺牲教育公平为代价，以牺牲教育公平为代价换来的教育质量是得不偿失的，也绝不是真正的教育质量。[3] 高水平的义务教育必然是高质量的普惠性教育，提高义务教育和促进义务教育公平是两个并行不悖的教育目标。因此，高质量发展是建立在公平基础上的发展。以质量保障提升义务教育公平水平，是在

---

［1］ 刘延东. 让农村孩子接受更好的义务教育[J]. 求是，2013(12)：3-8.

［2］ 靳培培. 教育公平与教育质量的关系析论[J]. 教育导刊，2013(12)：15-18.

［3］ 朱家雄. 质量优先，还是公平优先？——建构和谐社会背景下对幼儿教育质量和公平关系问题的思考[J]. 家庭与家教（现代幼教），2008(1)：9-12.

义务教育实现基本均衡后，进一步深化义务教育改革和发展，推动义务教育优质均衡发展的内在诉求。

农村义务教育的高质量发展在全面建成小康社会中具有基础性、先导性、全局性的重要作用。发展农村地区义务教育事业，补齐农村义务教育发展的短板，实现农村学校的提质增效，是直接关涉到近5亿农村人口的切身利益，满足广大农村适龄儿童学习需求的一件大事。农村教育面广且量大，其教育水平直接关系到各级各类人才的培养和整个教育事业的发展，关系到全民族素质的提高。全面提高农村教育质量，保障每一个农村适龄儿童接受优质义务教育的权利，不仅是构建具有中国特色的现代国民教育体系和建设学习型社会的迫切需要，同时也是对教育公平理念的深度践行。

（三）有利于统筹城乡教育均衡发展

当前，我国拥有着世界上最大规模的现代教育体系，并加快了教育现代化步伐，开启了建设教育强国的历史新征程。而由于历史、社会经济发展和政策等原因，我国经济社会发展不平衡、城乡二元结构等问题突出，我国农村教育整体还呈现出较为薄弱的发展态势。同时，义务教育资源配置的失衡问题还将在一定时空范围内长期存在，因而，城乡教育发展的差距存有扩大的可能。这种失衡，一方面体现在重城轻乡的资源配置上，致使稀缺的教育资源在城乡之间配置不均衡，教育资源更多地向城市学校倾斜；另一方面，教育资源配置的失衡体现在"重点"与"非重点"、"名校"与"非名校"的建设策略上，使教育资源的配置在校际存在较大的差别。而这种"重点"和"名校"往往集中在城市，这也就形成了城市教育资源的富集和农村教育资源的匮乏。由于教育资源配置的失衡，所导致的城乡义务教育质量上的巨大差别，有违教育公平和社会公平的基本诉求。因此，当前我国义务教育领域的基本矛盾之一，就是人民群众对优质义务教育的强烈需求与优质义务教育资源供给不足的矛盾。现有的优质教育资源短缺，难以满足人民群众不断扩大的接受优质教育的现实需求。

促进教育优质均衡发展，实现教育公平，已经成为引领基础教育发展的战略性指导思想和必须坚持的基本原则，也是当前教育面临和亟须解决的重要课题和任务。[1] 同时，推动基本公共服务均衡化是我国社会发展进程中的重要目标，而义务教育作为基本公共服务之一，推动义务教育均衡发展自然是教育改革发展的重要议题。统筹城乡义务教育均衡发展，使区域内义务教育阶段的学校大体处于一个相对均衡的状态，攸关教育领域综合改革的成败和现代化教育强国建设的进程。因此，立足区域的视角，开展农村义务教育高质量发展研究，有利于消除城乡教育差距，促进城乡义务教育的交流，实现城乡教育平衡充分发展。

（四）有助于积累农村地区脱贫防返贫的人力资本

我国是一个人口大国，同时也是农业大国，"三农问题"是始终影响国家发展的重要问题。自新中国成立以来，尤其是改革开放以来，我国农村各项事业有了很大发展，但城乡差距仍然比较明显，农村贫困问题仍然较为突出。为全面消除绝对贫困，党和政府带领全国人民接续奋斗，矢志不移地消除贫困并为世界减贫事业作出重大贡献。尤其是党的十九大以来，党和政府不断完善贫困治理体系，提高反贫困能力。一方面不断提升贫困标准，另一方面大幅度减小贫困人口规模，这样一升一降的双线交叉成效显著，使我国成为近40年全球反贫困成绩最突出的国度。[2] 我国脱贫攻坚成效显著，全国农村贫困人口明显减少，贫困地区农村居民收入加快增长。截至2011年底，我国成为第一个提前实现联合国千年发展目标贫困人口减半的发展中国家，为全世界减贫事业作出了重大贡献。2021年，习近

---

[1] 薛耀瑄，李晓明. 促进教育均衡发展　提高农村义务教育质量[J]. 西安外国语学院学报，2006(3)：60-62.

[2] 燕继荣. 既重发展，又重治理[EB/OL]. http：//views.ce.cn/view/ent/202006/29/t200629_ 35210398.shtml.

平总书记庄严宣告，我国脱贫攻坚战取得了全面胜利。在现行标准下9899万农村贫困人口全部脱贫，区域性整体贫困得到解决，我国脱贫攻坚的伟大成就创造了又一个人间奇迹。

在后脱贫攻坚时代，既要进一步巩固脱贫攻坚的成果，确保脱贫防返贫的同时，又要进一步加大对相对贫困的治理，这已然成为新时代贫困治理的重点所在。当前，我国农村社会经济发展相对滞后，农村的贫困也主要表现为"相对贫困"。从表面上看是由于农村物质的相对不足，而其根源则在于农村教育事业的落后，导致教育为农村经济社会发展服务的能力不强。在打赢脱贫攻坚战、历史性解决绝对贫困问题的进程中，我国提出了精准扶贫"五个一批"的基本方略，其中，教育精准扶贫被赋予重要使命，被认为在扶贫攻坚中具有根本性、先导性和持久性的作用。因而，在后扶贫时代，教育扶贫依然应受到高度重视。农村教育是我国教育事业的基石，是科教兴国的奠基工程。农村学校作为遍布农村的基层公共服务机构，在培养广大少年儿童的同时，还承担着面向广大农民传播先进文化和科学技术，[1]培养造就有文化、懂技术、会经营的新型农民的时代重任。因而，研究农村地区义务教育高质量发展问题，推动农村教育事业的高质量发展，有利于实现农村地区人力资本的积累，推进乡村振兴战略的有效落实。

---

[1] 国务院关于进一步加强农村教育工作的决定[J]. 中华人民共和国国务院公报，2003
(31)：5-10.

第 二 节

研究设计与方法

一、研究设计

（一）研究目标

本书坚持历史和逻辑的统一，理想与现实的统一，通过研究试图达到理论和实践的双重目标。在理论层面，厘清农村义务教育高质量发展的研究进展，梳理农村义务教育高质量发展的政策演进，从宏观层面探讨城乡义务教育质量标准差异，农村义务教育发展的质量均衡和质量保障问题，从中观层面关注农村薄弱学校建设，从微观层面研究农村教师和留守儿童等关涉农村义务教育高质量发展的重点群体。通过研究，旨在从"宏观—中观—微观"三个层面，构筑起农村义务教育高质量发展的研究体系，从而进一步丰富农村义务教育问题的研究内容，拓展农村义务教育发展与改革的研究范畴。同时，围绕农村义务教育高质量发展，以罗霄山片区等农村义务教育为调查对象，开展相关调查研究，突出农村教育发展的区域特征与要素，对于加深对农村教育事业同区域社会经济发展的内在联系的理解，突破传统孤立地研究农村教育的束缚，具有一定的意义。

在实践层面，提高农村义务教育质量，既是建设高质量教育体系的重点和难点之一，又是在后扶贫时代继续做好精准扶贫的重要着力点。立足于区域发展的视角，研究农村义务教育高质量发展问题，将农村地区的区域发展特征与要素纳入义务教育研究的范畴，能够为农村教育问题研究提供新的思路，以对农村义务教育质量现状进行科学的把脉，明确其所处的历史方位，从而为实现统筹城乡教育优质均衡发展和农村义务教育的提质增效提供实践参照。同时，将农村义务教育的发展与改革，统筹纳入乡村振兴、新型城镇化以及城乡融合发展的时代潮流中，释放农村地区义务教育"落后者的优势"，从而为稳步提高农村地区义务教育质量提供智力支持。

（二）研究内容

第一，立足区域视角，阐释研究农村义务教育高质量发展的背景、意义，梳理区域、偏远地区、农村、义务教育质量等核心概念，阐明研究的目的、内容框架、研究方法，介绍教育公平理论、公共产品理论、后发优势理论等基础理论。

第二，以搜集和梳理现有农村义务教育质量相关文献为基础，对农村义务教育质量问题进行学理研究，以把握农村义务教育高质量发展的研究现状、热点与不足，从而明确本书的方向与任务。

第三，通过对新中国成立以来农村义务教育质量相关政策的梳理，明确农村义务教育高质量发展的政策演进，厘清农村义务教育高质量发展的价值导向。

第四，探讨农村义务教育高质量发展的质量标准，立足区域视角，在厘清义务教育质量标准内涵及多维体系的基础上，阐明义务教育质量标准与地方性知识的关系，进而探讨城乡义务教育质量标准差异，以及农村义务教育质量标准的合理定位。

第五，质量均衡是农村义务教育高质量发展的行动指向，通过探讨义务教育质量均衡与区域发展之间的内在逻辑关联，对义务教育优质均衡的县域差异情况进行调查，同时结合对义务教育质量均衡发展进行的个案调查，探索农村义务教育质量均衡的现实路径。

第六，研究农村义务教育高质量发展的质量保障问题，从教育管理的核心要素，即人和财两个维度，分别探讨农村义务教育质量保障的领导力建设和财政监督问题。

第七，通过对薄弱学校研究进程的梳理，把握薄弱学校研究的趋势。薄弱学校是农村义务教育高质量发展的短板所在和关键环节，在分析农村薄弱学校建设与乡村振兴关系的基础上，阐释农村薄弱学校日渐式微的表现，并提出农村薄弱学校建设的策略。

第八，研究农村义务教育高质量发展的重点群体。教师和留守儿童是农村义务教育高质量发展的两个重点群体，通过聚焦农村教师流动问题和农村留守儿童义务教育质量保障问题，从微观层面探讨农村义务教育高质量发展的着力点。

（三）框架思路

农村义务教育的改革发展立足于区域发展，区域发展的要素与特征影响着农村义务教育的发展生态。农村义务教育高质量发展是办好人民满意的教育和建设教育强国的内在要求。本书立足于区域视角，在宏观层面梳理了农村义务教育高质量发展政策演进，并探讨了农村义务教育质量标准、农村义务教育质量均衡和农村义务教育质量保障问题，在中观层面研究了农村薄弱学校，在微观层面研究了教师和留守儿童，由此构建了指向农村义务教育高质量发展的"宏观—中观—微观"三维一体的立体分析框架，详见图 1-1。

二、研究方法

（一）文献分析法

文献分析法是搜集、整理、鉴别文献，并通过对文献的研究，形成对事实科学认识的方法。本书广泛搜集梳理农村地区义务教育质量的有关文献资料，并对搜集的资料去粗取精、去伪存真。一方面，运用 CiteSpace 5.0 对相关文献进行可视化分析，从而把握农村地区义务教育质量研究的热点与可拓展的空间，从而进一步明确研究的方向。另一方面，通过研究

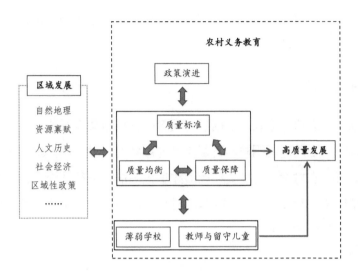

图 1-1　研究思路框架图

分析农村教育质量的相关文献，为梳理我国义务教育质量的政策演进，探讨城乡义务教育质量标准差异等奠定坚实的基础。

(二)调查法

调查法是为了达到设想的目的，制订某一计划，全面或比较全面地收集研究对象某一方面情况的材料，并作出分析、综合，从而得到某一结论的研究方法。本书通过对罗霄山片区等有代表性区域的农村义务教育事业发展情况开展调查，以获得县域社会、经济、教育等的发展数据，明确农村义务教育事业发展的现状，从而为实现理论与实践的结合奠定坚实的基础。

(三)统计分析法

统计分析法指通过对研究对象的规模、速度、范围、程度等数量关系的分析研究，认识和揭示事物间的相互关系、变化规律和发展趋势，以达到对事物的正确解释和预测的一种研究方法。本书采用统计分析法，对调查所获得的农村地区义务教育事业发展的数据，如教师数、学生数、经费投入额等进行梳理和分析，在验证研究假设的基础上形成结论，以使所得出的结论有充分的数据支撑。

（四）访谈法

访谈法是以口头形式，根据被询问者的答复搜集客观的、不带偏见的事实材料，以准确地说明样本所要代表的总体的一种方法。本书对教育行政部门人员、农村学校的校长、教师和学生等群体进行访谈，以在搜集关于农村地区义务教育事业发展的客观材料的同时，了解相关利益主体对农村义务教育的认知和评价。

第 三 节

核心概念与理论基础

一、核心概念

（一）区域

早在19世纪，经济活动的空间分布问题就引起了学者的关注。20世纪40年代，以沃尔特·艾萨德为首的经济学家创立了区域科学。从20世纪80年代起，我国学者陆续开展区域经济学的相关研究。其后，各类区域经济研究成果不断涌现。在区域科学中，区域是一个核心概念。但是，笔者通过对相关研究成果的梳理，发现迄今为止区域经济学领域对区域概念的界定尚未形成共识。由于"区域"是一个内涵丰富、应用领域广泛、大小范围变化幅度极大的词语，因而想要准确对"区域"一词作一个为学界所普遍接受的概念是困难的。正如英国区域经济学家理查森所言，"精确地定义区域是如此可怕的一个梦魇，以至于大多数区域经济学家宁可回避这项工作"。[1]

由于区域的概念具备多学科属性，因而不同的学者会立足于自身的学科界定区域概念，由此导致对区域概念的界定存在差异，即便是同一个学科的学者对区域的认知也存在不同。虽然区域概念模糊不清，[2] 但是通过对相关文献的梳理，还是能够发现学界对区域概念的一些共性的认识。作为一个专业的概念，区域进入学者们的研究视野，肇始于地理学科的繁荣发展，即区域首先是作为一个地理概念出现的。区域是地球上的一个特定范围，是由地质构造、气候条件、历史基础和现实发展等因素共同作用而形成的。区域包含着经济、政治、文化和社会等诸多方面的差异，尤其是自然禀赋的差异。同时，区域是空间的一个派生性概念。[3] 由于人们对于空间的理解存有较大的差异，因而人们对区域概念的内涵与外延的理解也不尽相同。区域更多的是反映一个平面，是指某个范围，而空间则是一个立体感很强的概念，故较之区域，空间的内涵更加丰富。[4] 但人们通常习惯等同理解并交替使用区域与空间两个概念，其实二者还是有区别的。更有部分学者索性将二者组合，使用"区域空间"以弥补"区域"一词之不足。[5]

（二）偏远地区

偏远地区是由"偏远"和"地区"组成的复合词。在《辞海》中，偏的解释为"偏僻"，远的释义为"距离大"。在《现代汉语词典》中，偏远的解释

[1] Richardson H W. The state of regional economics: a survey article[J]. International Regional Science Review, 1978(1): 1-48.
[2] 蔡之兵，张可云. 区域的概念、区域经济学研究范式与学科体系[J]. 区域经济评论，2013(6): 5-12.
[3] 武友德，潘玉君，等. 区域经济学导论[M]. 北京：中国社会科学出版社，2004：138.
[4] 王明露，王世忠. 区域空间结构：义务教育均衡发展研究新视野[J]. 教育理论与实践，2021，41(25)：20-27.
[5] 储东涛. 区域经济学通论[M]. 北京：人民出版社，2003：4-5.

是"偏僻而遥远"。[1] 地区的释义有两种,一是指较大范围的地方,二是指我国省、自治区设立的行政区域。综合来看,偏远地区是指那些远离文明中心或交通不便利,经济发展相对落后,而本土文化又相对完整的地区。偏远地区并不是一个行政区,它包括地理、文化、民族、民俗等多维内涵。由于我国广大的农村地区发展相对滞后,且大多处于山区、牧区、林区等交通相对不便的地区,因而大部分农村地区往往与偏远地区的范围重合。

一般来说,偏远地区具有地域广阔、环境偏僻等自然区域特征,同时也具有人口稀少、交通不便、信息闭塞、农民以从事农业生产为主要的谋生手段等人文特征。其中,交通的不易达性,以及由此导致的相对封闭性,是偏远地区的显著特征。由于缺乏与外界的物质、文化和信息交流,偏远地区表现出较为明显的自我封闭的发展特点,就像是一个个相对独立的王国,在进行着默默无闻的自我循环、自我维持和低度发展的同时,也屏蔽着外界观念的进入。[2]

(三)农村

农村是表述社会区域的基本概念,尽管我们可以从形体、社会和文化上"意会"农村,而在国际学术界几乎还没有一个"言传"的农村概念。关于"农村"这个词,不同的学者从不同的角度分别给出了定义。1903年,德国学者拉采尔试图从地理学的角度去理解农村,他认为农村的自然形态特征是人群和房屋的分散。1927年,意大利学者波贝克从经济学的角度去界定农村,指出农村主要是进行田园式劳动、从事农业生产活动的人较多而经

---

[1] 中国社会科学院语言研究所词典编辑室.现代汉语词典[M].7版.北京:商务印书馆,2016:997.

[2] 周铁涛.偏远地区农民法律意识淡薄的原因分析[J].湖南省社会主义学院学报,2008(4):21-23.

济发展水平较低的地区。[1] 在《辞海》中，"农村"与"乡村"这两个概念是通用的，都指以农业经济为主的人口聚居地区。"农村人口"亦称"乡村人口"，是聚居在以农业经济为主的地区的人口。[2]

关于农村的界定，不同组织、不同国家和地区所规定的方法也有所不同。在英格兰，村庄与乡村居民点的区别是：村庄有教堂，所以有教区中心，而乡村居民点则没有。[3] 美国在20世纪50年代以前规定，凡是人口在2500人以下，并且没有组成自治单位的居住地就算是农村；但从1950年出台相关规定以后，不论是否组织构成自治单位，凡是人口在2500人以下，并且每平方英里（1平方英里≈2.59平方千米）的人口在1500人以下的地区都属于农村。欧洲各国一般以居住地人口在2000人以下者为农村。根据我国《关于统计上划分城乡的规定》可知，乡村包括集镇和农村。集镇是指乡、民族乡人民政府所在地和经县人民政府确认由集市发展而成的作为农村一定区域经济、文化和生活服务中心的非建制镇；农村指集镇以外的地区。[4] 总之，由于"农村"与"乡村"概念的界定不一，导致实际在学术研究中将二者混用的情况比较常见；同时，关于农村与乡村数据统计上的口径差异，也导致数据难以完全与实际吻合。因而，在实践中，如果不需要特别强调农村和乡村的区别，也不需要以农村和乡村界限的划清为工作开展的前提，可以认为乡村等同于农村，两者的含义相同。

农村是以农业经济活动为基本内容的一类居民聚落的统称，其最大的特点是与广大的自然生态系统紧密相连。与城市相比，农村呈现的主要特征是：居民主要从事农业，其消费方式和文化更贴近自然，自然景观多，人口密度低。回顾人类社会的发展历程可知，农村是人类社会最初的形

[1] 刘豪兴.农村社会学[M].北京：中国人民大学出版社，2004：218-234.
[2] 刘冠生.城市、城镇、农村、乡村概念的理解与使用问题[J].山东理工大学学报（社会科学版），2005(1)：54-57.
[3] 孙翠兰.区域经济学教程[M].北京：北京大学出版社，2015：173-174.
[4] 金光益.农村地域类型与农业形态变化研究——以延龙图地区为例[D].延吉：延边大学，2013：8.

态，是自然经济的产物，是以从事农业生产为主的劳动者聚居的地方。起源于旧石器时代中期的原始部落，可以视为农村的雏形。到新石器时代，农业和畜牧业逐渐分离，以农业为主要生产方式的氏族开始定居下来，农村便真正出现了。按照农村的经济活动内容，可以将农村大体归为以农业（种植业）、林业、渔业和牧业为主的村，或拥有多种经济类型的农村，如农林、农牧等。按照农村是否具有行政含义，可将农村分为行政村和自然村。在一些地方，一个行政村可以包含几个自然村。一个大自然村在个别地方，也可以划分为几个行政村。

（四）义务教育质量

1. 质量的内涵

质量是物体的一种性质，通常指该物体所含物质的量，是量度物体惯性大小的物理量。质量的内容十分丰富，随着社会经济和科学技术的发展，也在不断充实、完善和深化。同样，人们对质量概念的认识也经历了一个不断发展和深化的历史过程。美国著名的质量管理专家朱兰博士从顾客的角度出发，提出产品质量就是产品的适用性，即产品在使用时能成功地满足用户需要的程度。用户对产品的基本要求就是适用，适用性恰如其分地表达了质量的内涵。

ISO8402（质量管理和质量保证的术语）将质量定义为反映实体满足明确和隐含需要能力的特性总和。质量定义中所说的"实体"，是指可单独描述和研究的事物，它可以是活动、过程、产品、组织、体系、人以及它们的组合。质量就其本质来说是一种客观事物具有某种能力的属性，由于客观事物具备了某种能力，才可能满足人们的需要。"需要"由两个层次构成，第一层次是产品或服务必须满足规定或潜在的需要，这种需要可以是技术规范中规定的要求，也可以是在技术规范中未注明，但用户在使用过程中实际存在的需要。由于需要会随着时间、地点、使用对象和社会场景的变化而变化，因而它是动态的、变化的、发展的和相对的。因此，这里的"需要"实质上就是产品或服务的"适用性"。第二层次是以第一层次为前提的。因为需要若想被满足，首先就应加以表征，就必须将需要转化成有指标的特征和特性，而这些特征和特性通常是可以衡量的。那些全部符合特征和特性要求的产品，就是满足用户需要的产品。因此，质量定义的第二个层次，在实质上就是产品的"符合性"。质量的特性一般用定量的形式表示，指强度、脆度、成分等；而还有一些特性是无法直接定量表示的，如舒适程度、灵敏度等，这就要通过对产品、零部件的测验来确定相关的技术参数，以间接定量地表现产品的质量特性。[1]

2. 义务教育质量的内涵

教育质量是对某地区或学校教育水平高低和效果优劣的评价。在全面教育质量观的指导下，可以从学生、知识和教学工作等多个维度对教育质量进行全面深入的考察。一是学生维度，即教育质量体现在学生能否实现全面协调的发展上。二是知识维度，即教育质量体现在学生对学习内容的掌握以及运用情况上。三是教学工作维度，即教学质量体现在教师教学工作的状况与水平上。因此，除了对培养对象质量进行评价外，还应综合考察教师教学水平、教学管理、教育环境等多个方面。[2]

义务教育质量有宏观与微观之分。从宏观层面看，义务教育质量包括两个方面，一是整个义务教育体系内部的质量，也可称之为"体系质量"，即义务教育系统内部的规模、结构和效益等是否协调，它以义务教育系统内部各要素之间是否协调一致为准绳。什么时候系统各要素之间协调一致，什么时候就表现出较高的体系质量。二是义务教育与非义务教育之间在办学规模、结构和效益等方面的协调问题，即义务教育与学前教育、高中教育和高等教育之间的协调问题，它着眼于整个国民教育体系的有序运

[1]　丛昕. 我国高等教育质量标准体系框架的构建[D]. 大连：大连理工大学，2013：9.
[2]　陈效民. 简明基础教育评价常用词语汇释[M]. 北京：高等教育出版社，2012.

行，高质量的义务教育是整个国民教育体系合理运行的重要基础。在微观层面，义务教育质量是指义务教育学校的教育水平高低和效果优劣，其衡量标准是教育目的和义务教育学校的培养目标，并最终体现在培养对象的质量上。义务教育质量应以素质教育为导向，坚持提高学生整体素质、促进学生的自由全面发展，并为终身可持续发展奠定坚实的基础。[1]

进入 21 世纪，一些重要的国际组织不约而同地表达了对教育质量的关注。2001 年，欧盟发布的"学校教育质量"报告称，有质量的教育和培训在欧盟各国的关注上处于最高的政治级别，高水平的知识、能力、技巧是积极的公民权利、雇佣和社会凝聚的最基本条件。2002 年，第 57 届联合国大会将 2005—2014 年确定为"可持续发展教育十年"，认为有质量的教育是可持续发展的必要条件，其中首要的就是提高基础教育的发展水平。由此可见，提高教育质量已成为国际社会普遍关注的重要议题。

二、理论基础

（一）教育公平理论

公平的思想自人类社会诞生之日起就产生了，追求公平的理想也激励着无数仁人志士为之不懈奋斗。教育公平是社会公平在教育领域的延伸与体现，是几千年来人类孜孜以求的教育理想。确保人人都能平等地接受教育，被视为实现社会平等"最伟大的工具"。中西方关于教育公平的著述并不鲜见，即便是在知识并不丰富的人类社会早期，一些思想家在对社会和人性的思考和批判中，也蕴含着对教育公平理想的追求。古希腊的思想家柏拉图，最早提出"教育公平"的思想。我国古代的教育家孔子，也提出过

---

[1] 陈效民，徐兆洋，廖晓衡，宋乃庆. 提高西南农村地区义务教育质量研究[J]. 中国教育学刊，2010(1)：1-4.

"有教无类"的朴素的教育公平思想。[1]

　　教育公平包含着浓郁的人权思想，它规定着一定社会成员所拥有的具体的教育基本权利和应承担的基本义务。同时，教育公平也规定着稀缺的教育利益和教育资源，在不同的社会阶层之间、不同的社会成员之间以及不同的社会群体之间的合理配置与适当安排。教育公平有着丰富的内涵，是一个多层次、多维度的概念。众多学者尝试从不同的视角，如社会学、伦理学、经济学、法学等多个方面对教育者公平进行深入的剖析，提出了独具特色的教育公平观，促进了当代教育公平理论的多元化发展，同时也反映了现代社会对教育公平的诉求。[2]

　　随着人类社会的发展与进步，教育的形态也在不断发生着变化。与之相适应，教育公平的理念也在逐渐演变和完善。随着教育发展阶段的提升，教育公平的内涵也更加丰富。首先，在教育资源短缺，教育机会仅为少数人所享有时，教育公平主要体现为教育起点公平，即入学机会的平等，它强调以尊重学习者的平等地位为前提，在法律和制度层面确保人人都有接受教育的权利和资格，人人都享有接受教育的机会。此时，对教育公平的理想追求，主要是围绕着扩大入学机会，确保更多的人的受教育权的实现。如孔子提出"有教无类"的教育思想，打破了"学在官府"的现象，为普通百姓子弟提供了接受教育的机会，使寒门子弟"朝为田舍郎，暮登天子堂"的理想成为可能。西方苏格拉底认为"教学对象是全民，所以不分男女老幼及贫富，他都一视同仁"[3]。其次，在实现了教育普及，保障了学习者受教育的基础上，教育公平则体现为教育过程公平，即提升教育质量，让每一个公民都享有优质教育资源。假若教育质量不能得到有效的保

---

　　[1]　姚海娟.教育公平视野下的我国农村义务教育投入体制研究[D].长沙：湖南师范大学，2008：16-17.

　　[2]　易红郡.西方教育公平理论的多元化分析[J].湖南师范大学教育科学学报，2010，9(4)：5-9.

　　[3]　林玉体.西方教育思想史[M].北京：九州出版社，2006：23.

证，即便是实现了入学机会方面的均等，那也只能是低水平、低层次的公平。唯有持续提高教育的质量与水平，才是对教育公平理念与原则的深度践行。最后，在实现了教育机会的扩大和教育质量的提升后，对教育公平的理想追求就体现为教育结果公平，即每个学习者在接受同等水平的教育后，不仅能达到一个最基本的标准，而且能实现个性自由和全面的发展。这种发展不仅摆脱了"人的依赖关系"和"物的依赖性"，而且摆脱了应试教育的束缚和教育资源短缺的掣肘，真正使每一个人能够根据自身内在的固有的个性需求自由发展，而不会因外界因素的干扰或牵制，使自身的发展偏离或压制内在的固有的个性需要。在这一阶段，每一个人可以根据自身的兴趣爱好、身心特征、心智水平等，自主能动地选择所接受教育的类型、内容和层次。

在现阶段，推动农村义务教育的高质量发展，体现出对农村义务教育质量的诉求和对于教育过程公平的追求。它是在保障公民有接受义务教育的权利，确保人人有学上的教育起点公平之后的更高一层次的追求。在我国教育事业发展进程中，教育不公平有不同的表现，而最主要和最根本的不公平，是农村义务教育的不公平，即与城市义务教育相比，农村义务教育处于明显的弱势地位，[1] 农村义务教育的发展还比较滞后。农村义务教育是国民教育体系的重要组成部分，是农村基础教育的重要阶段。[2] 为每一个学龄儿童提供优质教育资源，提高教育质量，是实现农村义务教育公平之根本所在。同时，保证每一个学生都能享受公平优质的教育资源，是义务教育事业发展的必然要求，否则农村义务教育质量的提高就无从谈起，教育公平也无法实现。[3] 有质量的教育公平，是对教育公平的新诉求，有质量的教育公平是一种可选择的教育公平，它追求的不只是教

[1]　徐中伟.略论农村义务教育公平[J].北京教育学院学报，2003(2)：60-64.
[2]　范松仁.完善农村义务教育公平保障机制的若干思考[J].教育学术月刊，2009(2)：64-66.
[3]　赵亚静.以提高农村义务教育质量的视角思考教育公平[J].吉林师范大学学报(人文社会科学版)，2008(2)：104-107.

育的"同质"，更强调教育的"多元"，因为对于每一个学生个体来说，唯有符合其个性特征的、适切的教育才是高质量的、有效的教育。[1]

（二）公共产品理论

公共产品理论的起源最早可溯及古典学派，大卫·休谟关于"草地排水"的分析以及亚当·斯密关于政府执行的三项国家职能等理论可以视为重要代表。到 20 世纪 50 年代，萨缪尔森完成了对公共产品的经典定义，他认为公共产品是指每个人对它的消费不会减少其他人对它的消费量的产品。尽管萨缪尔森关于公共产品概念的界定遭到学界的诸多质疑和批判，但大多数人还是接受了其关于公共产品的定义。[2] 根据公共产品理论，界定一种产品或服务是否为公共产品，要看其是否具备两个特征：非排他性和非竞争性。所谓非排他性，是指只要有人提供了公共产品，不论其意愿如何，都无法排除其他人对该产品的消费。若想排除其他人从公共产品的提供中受益，在技术上是不可行或极其困难的，或者因排除的成本过于昂贵而缺乏可行性。所谓非竞争性，是指某物品在增加一个消费者时，边际成本为零，即在公共产品数量一定的情况下，将其多分配给一个消费者的边际成本为零。这并不意味着多提供一单位公共产品的边际成本也为零。在这种情况下，多提供一单位的公共产品的边际成本同其他产品一样是正的，因为公共产品的提供同样耗费了有限的资源。

根据公共产品理论，全部社会产品可以划分为公共产品、私人产品和准公共产品三种类型。其中，公共产品是同时具有消费的非竞争性和非排他性特征的产品；私人产品是同时具有消费的竞争性和排他性特征的产品；准公共产品则介于二者之间。而根据产品特点的不同，准公共产品又分为俱乐部型准公共产品和拥挤型准公共产品。当然，上述两个特征的规

[1] 檀慧玲，刘艳. 国家义务教育质量监测：实现有质量的教育公平的有效途径[J]. 中国教育学刊，2016(1)：50-53.

[2] 鄢奋. 现代西方公共产品理论的借鉴与批判[J]. 当代经济研究，2012(10)：54-57.

定都不是绝对的，它们都有赖于技术条件和具体环境（图1-2）。在确定一种产品是否为公共产品时，必须考虑受益者人数，以及能否将这些受益者排除在该产品的享用之外。当受益者人数众多，且排除任何一个受益者在技术上是不可行的时候，该产品就可以被视为公共产品。在现实中，真正的纯公共产品是很少的，大多数产品都可以被看作是介于公共产品和私人产品之间的准公共产品。[1]

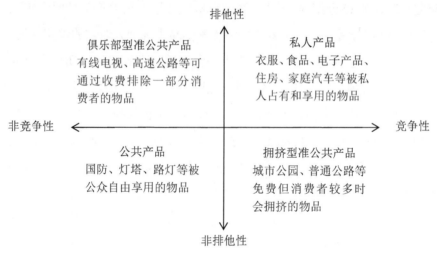

图1-2　不同类型产品特征的划分

从产品属性的划分来看，教育本身并不一定是公共产品，教育产品的提供也具有竞争性和排他性的特征。其实，教育作为混合产品具有公共产品的属性，而且层次越低这种属性就越强。[2] 在整个教育体系中，由于初等教育或者义务教育所赋予学生的素质，以及由此带来的社会收益具有很强的正外部性，[3] 以及义务教育制度的推广，义务教育已经普遍被认

［1］　程浩，管磊．对公共产品理论的认识［J］．河北经贸大学学报，2002(6)：10-17.

［2］　古建芹．公平收入分配视角下的义务教育产品供给研究［J］．财政研究，2014(9)：67-69.

［3］　罗湖平．中国农村义务教育经费投入体制的理性回归之路——基于公共产品理论的视角分析［J］．武汉科技大学学报（社会科学版），2010，12(2)：68-71，100.

为是一种准公共产品。[1]

学界在开展义务教育质量研究时，常以公共产品理论作为研究的理论基础，并认为农村义务教育是一种具有很强的正外部性的准公共产品。一方面，与城市义务教育相比，它具有强大的利益外溢性。因此，提供充足优质的农村义务教育，是政府必须承担的责任。[2] 而由于城乡之间的义务教育资源长期分配不均，导致农村和城市的义务教育质量存在较大的差距。在推动农村地区义务教育事业发展和提高农村地区义务教育质量的进程中，应明确公共财政的支出责任，加大各级政府对农村义务教育财政支持的力度。另一方面，义务教育虽然是一种准公共产品，但其产品并不一定完全要由政府供给，考虑到不同群体对义务教育的需求不同，政府对义务教育产品的供给应侧重于教育的公平性。作为政府提供义务教育的重要补充，市场也可以提供义务教育产品，而且可以提供更为多元化、更有特色的教育产品，从而满足多样化的教育需求。[3]

(三)后发优势理论

经济上相对落后的国家或地区在经济发展中具有相对的优势，这一思想肇始于英国古典经济学家大卫·李嘉图及瑞典经济学家赫克歇尔和奥林等提出的"相对有利条件论"。而俄裔美国经济学家亚历山大·格申克龙则最早提出了"后发优势"的概念，他提出相对的经济落后具有积极作用，即经济上的相对落后本身是一种劣势，却有助于一个国家或地区实现爆发性的经济增长。自20世纪80年代以来，随着日本、韩国、新加坡等亚洲新兴工业化国家和地区的经济高速增长，使得格申克龙的"后起之益"假说被

---

[1] 周金玲. 义务教育的经济理论基础评析[J]. 山东社会科学，2004(10)：45-48.

[2] 耿晓亚. 农村义务教育：政府必须提供的公共产品[C]. 中国教育研究论丛，2006：50-51.

[3] 王明露. 农村义务教育质量研究：内容、理论基础及发展趋势[J]. 教育与教学研究，2018，32(1)：14-19，122.

越来越多的人所接受，从而成为后发优势理论的重要基石。[1]

后发展国家在推进现代化的进程中，由于有先发现代化国家成功经验的"示范作用"，以及后发展国家可以利用先发现代化国家的科学技术成果、管理经验等，可以有效地降低成本，使后发展国家在推进现代化的进程上，比先发现代化国家更具有发展的优势，其发展的速度也会大大加快，从而缩短发展进程。在先发现代化国家尤其是西欧诸国，实现工业化的各项技术是在一个漫长的过程中逐渐发明和积累起来的；而后发展国家则可以直接利用产生于外域的先进技术，以及引进外国资本，实现自身的快速发展，这也被称为"落后者的优势"。后发优势是由于各国发展失衡而产生的，只要存在发展的先后之别，后发展国家就一定存在后发优势。作为一种潜在优势，后发优势的存在具有客观性，不以人的意志为转移。但是，潜在的后发优势并不会自发地转化为现实利益，实现后发优势需要发挥人的主观能动性，即作为一种现实优势，后发优势具有人为性。[2]

后发优势体现在三个方面：首先是后发地区利用知识经济和新技术革命的成果，把国际国内有利的因素同自身经济优势合理结合，从而跳过某些传统的阶段，使经济增长和结构优化逐步赶上甚至超过发达国家，达到超常规的发展。其次是后发地区可借鉴先发地区的成功经验和已有的技术成果，实现扬长避短，因地制宜推进自身经济快速发展，而又不发生大起大落的经济波动。最后是后发地区可吸收先发地区的发展经验，汲取先发地区发展中的教训，从而达到少走弯路，并且降低成本，以尽快缩小地区差距，实现区域间经济协调发展的目的。[3]

教育领域也存在后发优势的现象。在世界教育发展史上，凭借后发优势，后进国家的教育赶上先进国家的事例屡见不鲜，世界教育中心就先后

---

[1] 王必达. 后发优势与区域发展[D]. 上海：复旦大学，2003.

[2] 侯高岚. 后发优势理论分析与经济赶超战略研究[D]. 北京：中国社会科学院研究生院，2003.

[3] 于若冰. 西部民族地区跨越式发展的后发优势分析[D]. 乌鲁木齐：新疆大学，2005.

从意大利到英国，再到德国，最后转移到美国。世界教育中心的转移昭示了在教育领域同样存在后发优势的现象。[1] 由于有发达地区教育成功经验和案例的引领和示范，后发地区在实现教育现代化的进程中，可以借鉴学习发达地区教育的办学理念和管理方法，从而加速其发展。我国义务教育事业的跨越式发展，成为推动世界全民教育发展的一个重要力量，为世界树立了后发赶超型国家普及义务教育的典范。[2] 与城市地区的教育发展相比，尽管农村义务教育事业还存在较大的差距，但是农村义务教育在物质层面、制度层面和观念层面等都有着后发优势。以后发优势理论为基础，研究农村义务教育的高质量发展，有助于打开农村教育研究的全新视角，充分发挥农村义务教育发展中"落后者的优势"，为农村义务教育事业的改革和发展带来动力，为实现农村义务教育质量的可持续提高提供新的思路。

第 四 节

研究创新与不足

一、研究创新

（一）坚持农村教育研究的区域视角

农村义务教育是特定区域的义务教育，区域发展的水平决定着农村义务发展的外部环境，决定着农村义务教育可能的发展空间。因而，对农村问题的研究，需给予区域因素以足够的关照，在研究中实现从社区到区域的转向。本书立足区域研究农村教育，关注农村教育发展的区域特征，实

---

[1] 阳荣威. 论高等教育国际化背景下的后发优势[J]. 中国发展，2003(2)：51.
[2] 程睿. 中国促进贫困地区义务教育发展的政策研究[D]. 长春：吉林大学，2017.

现研究视角的创新。本书对以罗霄山片区等为代表的农村教育进行研究，突出农村教育发展独特的区域环境和要素特征，从而奠定理解、阐释和破解农村义务教育高质量发展的区域性差异的基础，并进而为制定差别化的区域农村义务教育政策提供实践参照。

（二）构建"宏观—中观—微观"三维一体的立体分析框架

本书综合运用教育学、社会学、管理学等多学科的知识，构建"宏观—中观—微观"三维一体的立体分析框架。其中，宏观层面涵盖农村义务教育高质量发展的政策演进、质量标准、质量均衡以及质量保障四个领域，中观层面探讨农村义务教育高质量发展的短板——农村薄弱学校的建设问题，微观层面关注农村义务教育高质量发展的两个特殊群体——农村教师和留守儿童。三维一体的立体分析框架的建立，为服务农村义务教育高质量发展提供了智力支持。

（三）关照与农村教育发展密切相关且极具时代特征的社会实践

本书关注与农村教育发展密切相关的乡村振兴、新型城镇化以及城乡融合发展等时代背景，突出对农村社会运行中极具特点的社会实践的研究，实现学术实践的创新。以农村义务教育高质量发展为研究主线，围绕农村义务教育与乡村振兴、农村义务教育与城乡义务教育关系等极富本土文化特征的问题进行理论探讨和实践调查，凸显了农村义务教育研究的时代气息和本土关怀。

二、不足之处

本书坚持理论研究与实践探索有机结合，在理论层面对农村义务教育高质量发展问题进行研究的同时，辅以实证调查，以期实现理想与现实的有机衔接。在研究过程中，主要存在以下两点问题：

第一，在理论研究层面，农村义务教育是特定区域的教育，它在培养区域发展所需要的人才，为更高层次的教育输送优秀生源的同时，也受区域发展水平的制约。本书在阐释和厘清农村义务教育高质量发展与区域发展的内在逻辑方面作了尝试和努力，但是，农村义务教育如何推动区域社会经济的发展，区域特征与要素如何构建农村义务教育发展的教育生态，依然是值得深入探讨的问题。

第二，在实践探索层面，本书尝试立足区域的视角研究农村教育问题，旨在通过研究视角的转换，突出对教育发展的区域特征及其构成要素的研究，以描绘和呈现农村教育发展的生态全景。但是，由于我国地域广袤，东中西部的区域特征及其构成要素的异质性极强，要总体把握不同地区的农村教育发展的区域特征，还需要作更多深入的研究。同时，在调查中，较多的是走访教育主管部门，访谈的主要对象是农村学校的校长和教师，而对农村学生和家长的访谈和调查相对不足。学校教育在多大程度上促进了学生的发展，能否得到家长的认可，是值得继续探讨的问题。

第 二 章

农村义务教育高质量
发展的研究进展

农村义务教育高质量发展问题是国内外学者共同关注的课题，梳理国内外关于农村义务教育高质量发展的研究成果，从农村义务教育高质量发展研究的发展脉理中寻找到核心问题和关键领域，是在新时代回归农村义务教育问题本身，寻求农村义务教育高质量发展之道的重要路径。

第 一 节

国外农村义务教育高质量发展的文献研究

最早意义上的义务教育始于宗教改革时期，德国的马丁·路德最先明确提出了义务教育的思想。他认为，使儿童接受教育不仅是神所欣慰的事，同时也是家长对社会的义务，属于行政当局不可推卸的责任。受马丁·路德教育思想的影响，德国从 16 世纪中期起，就先后颁布了有关国家办学和普及义务教育的法令。时至今日，改革和发展义务教育，努力提高义务教育质量，已成为一个世界性的课题。而农村义务教育是其中的短板所在，世界各国也普遍重视发展农村地区义务教育，并将其质量提升纳入国家发展战略。农村地区的义务教育质量在不同的时空范围内呈现出不同的图景。国外学者对此开展了广泛且深入的研究，梳理国外农村义务教育质量的相关研究成果，有助于为我国深化农村义务教育质量问题的理论研究与实践探索提供有益的支持。

一、关于教育产品属性的研究

教育产品属性决定着教育应该由谁来投资，因而有学者对教育产品属性进行了研究。教育产品是指教育部门和教育单位所提供的产品。在对教育产品属性进行界定时，学界并未达成一致的观点。Robin Barlow（1970）在讨论美国地方学校财政效率的论文中，认为教育是一个纯粹的公共产品。而公共经济学权威阿特金森（Atkinson）和斯蒂格利茨（Stiglitz）（1994），从教育的直接消费特点出发，把教育看成是公共供应的私人产品，教育投入在政策上应优先考虑初等教育和义务教育。哈维·瓦里安（Hal R. Vzrian）（1992）则认为"我们还有这样一些物品，它们本来是私人物品，却被像公共物品般对待。例如，教育实质上是一项私人物品——它是排他的，并且在一定程度上是减少性的"。但也有学者将教育看作一种"准公共产品"。公共选择理论的权威布坎南（1991）认为教育是准公共产品，他通过分析教育的间接消费特点，得出这一结论。Loyd G. Reynolds（2001）和保罗·萨缪尔森（Paul A. Samuelson）（2005）也支持教育是准公共产品的观点。

二、关于资源配置对义务教育质量影响的研究

蒂布特（Tiebout）（1956）和 Oates（1972）认为即使中央政府能够有效地提供同样的公益物品，但是由地方政府来提供这种公益物品，要比中央政府来提供更有效。West 和 Wong（1995）通过研究发现，财政分权导致配置在卫生和教育领域的公共支出减少，尤其在贫困地区，明显降低了当地居民的福利状况。Robert Berne 和 Leanna Stiefel（1999）认为纳税人应支付相等的税额来为每个学生获得相同的教育提供支持，即每个学生应获得相等的教育支出。费尔南德斯（Fernandez）和罗格森（Rogerson）（1999）认为，美国义务教育财政体系改革较大地提高了学生教育支出的均等性，该种均等性的实现是通过减少富裕地区的支出而增加贫困地区的支出来实现的。[1] Betts 和 Loveless（2005）认为家长对学校有限的选择，在一定程度上能够影响教育质量，促进教育的公平与效率。对于教育资源的分配，不应只根据教育在培养能力上所产生的经济效益进行评估，而应当根据教育在丰富公民个人与社会生活方面的贡献进行价值估算（罗尔斯，1999）。法国通过建立"教育优先区"，向物质条件相对落后的乡村地区以及教育程度较为落后

---

[1]　冯学军 . 中国义务教育财政投入不均衡问题研究［D］. 沈阳：辽宁大学，2013.

的城区配备专门的教师队伍，并成立相应的管理部门，重点提高落后地区教师补助，增加岗位津贴，以实现教育资源公平配置，达成缩小区域间教育水平差距的目的。日本通过立法的形式将义务教育纳入公共财政保障的范畴，并确立各级财政的负担比例，制定出教学条件和设施设备的规范化标准。[1] 同时，在公办学校建立了教师流动制，并且制定了专门的法律，将公立教师纳入公务员系统。该举措提高了教师的社会地位，保障了福利待遇。[2] 澳大利亚政府（2008）的报告指出，澳大利亚实施形式多样、惠及面宽的农村寄宿学生补贴政策。据统计，澳大利亚偏远地区有 60% ~ 90% 的家庭从中受益。

三、关于农村义务教育质量维度与现状的研究

2000 年，联合国儿童基金会在《定义教育质量》中提出，教育质量必须从多个维度进行理解，并指出了研究教育质量的五个维度：学习者、教育环境、教育内容、教育过程以及教育成果。联合国教科文组织（2005）发布的《全民教育全球监测报告》从宏观层面对教育质量进行了诠释，建立起以学习者为核心的全民教育质量框架，并将其视为一个面向所有人的庞大系统，把享有教育权利的人和人的全面发展作为质量的中心要素，面向所有人以及各级各类教育。[3] 美国是一个高度城市化的国家，由于农村社区的人口正在快速流失，使得以地方财产税为来源的那部分教育经费受到了极大的影响（Robert M. Moore，2001；Jerry Johnson，2005）。从 1996 年起，美国就实施了农村流动儿童计划，该计划不仅直接为学生提供全方位的服务，而且积极与家长保持联络，使家长参与流动儿童的教育过程，有利于家长与孩子之间的互动和交流。Sudarshanam（1991）探讨了教育环境、行政

［1］ 苏茂伟. 县域义务教育均衡发展研究——以山东省 Y 市为例［D］. 曲阜：曲阜师范大学，2012.

［2］ 何旭. 新型城镇化背景下甘肃省农村义务教育资源配置策略研究［D］. 兰州：兰州大学，2018.

［3］ 郑弘. 辽宁省义务教育质量评价标准研究［D］. 沈阳：沈阳师范大学，2014.

设置、物质设备以及不同的群体(教师、家长、学生以及社会精英)对于印度教育普及和农村教育发展的影响。韩国作为新兴的发达资本主义国家，为提高农村教育质量，先后采取了实施农村学校合并、改善农村教育设施、改善农山渔村的教育环境等措施(崔京焕、马相镇，2009；朴森哲，2011)。法国国民教育部和投资总署共同提出了"创新的数字学校和农村"计划，支持农村地区小学在教育数字化创新方面的发展。

四、关于农村薄弱学校的研究

国外学者对薄弱学校的改造也给予了高度的关注，并寄希望于通过薄弱学校的建设，以实现农村义务教育质量的提升。国外关于农村薄弱学校的研究大体集中在以下三个方面。第一，对改造薄弱学校的理论价值进行了研究。改造薄弱学校，是和平等、公平等思想观念紧密联系在一起的。科尔曼(Coleman)(1964)向美国国会递交了《关于教育机会平等》的报告，归纳了教育平等观念所经历的四个演变阶段。机会均等意味着对不同的儿童应当区别对待，弱势群体需要获得额外的补偿(胡森，1972)。同时，在处理教育公平问题上，差别原则和补偿原则应该同时配合使用，而且补偿原则高于差别原则，教育的作用在于促进、弥补人与人在出生和天赋上本来不应该受到的不平等对待(罗尔斯，1971)。第二，研究改造薄弱学校的资源配置。对于教育资源的分配，国家可以在各教区、各地区设立教育儿童的小学校，政府"只需要很少一点费用，就可以促进、鼓励甚至强制几乎所有的人取得最基本的教育"(Smith，1976)。Geoffrey D. Borman(2003)重点关注全美最亟须改革和发展的特困学校，将学校的建设和学生成绩作为选择改革目标学校的标准。第三，对农村学校和地方之间的交互关系进行了研究。农村教育服务于农村的发展，联合国教科文组织(2004)认为教育对于农村地区人口获得可持续发展有着至关重要的作用。比尔·格林(Bill Green)(2015)提出了"农村—区域可持续性"的批判观点，将学校定位在具有更大教育生态的重要机构上。农村学校的布局与农村社区的地理位置、规模以及学生的身心发展特点等因素密切相关，因此，应根据情况合并校区以整合资源，使不同地区的资源得以合理运用（William Buncombe & John Finger，2007）。同时，应考虑年龄阶段、文化差异以及学生的心理接受能力（Gould W.，1978）。

五、关于农村学校教师流动与师资配置理论与实践的研究

第一，农村学校教师的流动与其从教意愿有密不可分的关联，性别差异（Klassen，2011）、工作环境、生活条件以及对工作和家庭生活的平衡能力（Weiss & Kiele，2013），都是影响教师从教意愿的重要因素。Mafora（2013）研究发现，如果有机会，南非有55%的教师会离开教学岗位。虽然澳大利亚的城市化水平较高，但多于1/3的人口居住在乡村地区，这些地区面临着乡村衰落、难以吸引和留住教师的问题。在比利时，超过40%的年轻教师可能任职不满五年便选择离职。在荷兰，教师在工作两年和五年内的离职率分别是40%和50%（Stocking K.，2003）。美国乡村学区的教师流失率比城市学区的高55%，约30%的乡村教师在入职五年内离开了岗位；到2025年，美国每年需要31.6万名新教师（Leib Sutcher，2016）。第二，提高农村学校师资配置的效率是提高农村教育质量的关键。教师资源是一种稀缺的资源（Darling-Hammond，2005），师资配置效率越高，相应对工资的重视程度就越高（Bacolod，2007），提高经济待遇是提高乡村教师职业吸引力的重要前提。乡村教师队伍流动性大、长期缺乏优质教师等导致乡村教育水平低下，解决问题的唯一方法就是赋予他们新的求知技能（Mohamed Fazil、Mohamed Firdhous，2016）。Lave（1991）认为教师加入学习共同体后，采用自我导向和以问题为中心的方式学习，可进一步发现学习的价值。由于乡村学校大多位于偏远地区，那里交通不便并且信息闭塞，要提高乡村师资的配置效率，应着力改善教师的生活条件，提高生活和工作的便利（Monk，2007），提高教师在社区中的地位（匹特，2010），提高社会对教师的关注程度并减轻教师的工作压力（Canirinus & Bruinsma，

2013）。第三，不同国家开展的农村师资均衡配置实践，积累了较为丰富的经验。英国根据农村地区教师在培训方面的经验，确定了制定统一标准和教师培训制度的管理办法，并对教师管理教学、培训活动的技能、现代化专业培训内容等方面作出了具体的要求（Olha Berladyn，2017）。澳大利亚实行"乡村地区计划"，通过提供资金、改善待遇的方式以提高乡村教师质量，在联邦政府的主导下各州也分别实行差异化的优惠政策，譬如带薪休假、交通补助等，以期建设更加具有吸引力的乡村教师队伍。以色列还为乡村学校校长和教师设置了一个特别的带薪休假制度。所有乡村教师和校长每隔 7 年就能拥有长达 1 年的学习进修假期。在这 1 年的假期中，乡村学校校长和老师不用上班也能拿到很丰厚的工资补贴，他们只需要去进修和学习以不断提升自己（Todman P. & Harris J.，2015）。

第 二 节

国内农村义务教育高质量发展的文献研究

国内的农村教育研究起步于二十世纪二三十年代，在内忧外患的危机中，部分先贤开始关注农村社会，大力发展农村教育，以期达到救国保民、开启民智的目的。在革命立新的历史浪潮中，以开启民智为核心的农村教育运动逐渐发展成为中国近代史上著名的"乡村教育运动"。[1] 至今，国内的农村教育研究已走过百年的历程，研究的领域也逐渐分化和日益深入。在建设教育强国的时代潮流中，农村义务教育质量问题越发凸显。

一、农村义务教育质量研究的概况

1991 年，王炳仁发表于《上海教育科研》的《制定农村九年制义务教育

---

[1] 周兆海．农村教育研究：现状、逻辑起点与路径选择[J]．现代教育科学·普教研究，2012(6)：119-121，128.

质量规格的几个问题》，是我国学界明确以"农村义务教育质量"为研究对象的第一篇论文。为把握农村义务教育质量的整体研究趋势，笔者基于"中国知网"数据库，以"农村"并含"义务教育质量"为检索词，以"关键词"或"主题"为检索项，以"精确"为匹配类型，其余条件不加限制，搜索关于"农村义务教育质量"的相关文献，共搜索到中文文献 3283 篇，检索时间是 2022 年 7 月 15 日。由于检索到的 2022 年的文献量并非全年的，故而在绘制"我国农村义务教育质量研究文献数量的年份分布图"时，时间范围是从 1987 年到 2021 年。

如图 2-1 所示，从 2000 年以后至今，国内关于农村义务教育质量问题的研究文献逐渐增多，并在 2011 年达到峰值，其后呈下降的趋势。在研究的载体方面，学界研究成果的载体涵盖期刊、硕博论文、会议论文和报纸等不同类型。由此可以看出，我国学界对农村义务教育质量的研究倾注了极大的热情，推动农村义务教育质量研究不断取得新的研究成果。

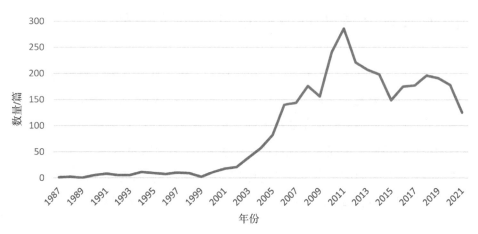

图 2-1　我国农村义务教育质量研究文献数量的年份分布图

二、农村义务教育质量研究的关键词共现分析

梳理和分析我国农村义务教育质量的研究进程，归纳目前关于农村义

务教育质量研究的热点，有助于预测农村义务教育质量研究的发展趋势，从而为推动农村义务教育事业的改革和发展提供智力支持。为提高文献分析质量，以"核心期刊"和"CSSCI"为文献来源再次进行检索，共检索到中文文献 394 篇。在对检索的文献逐一检查后，删除重复文献，同时删除综述类、纪实类、访谈类、会议类等非学术性文献，共获得中文文献 364 篇。

CiteSpace 是 Citation Space 的简称，可翻译为"空间引文"。CiteSpace 是一款应用 Java 语言开发的基于引文分析理论的多元、分时、动态的信息可视化软件。该软件一经问世，便受到学术界的广大青睐。本书采用 CiteSpace5.0 软件，对农村义务教育质量相关文献的关键词共现情况进行了可视化分析。为获得较为清晰简洁的共现网络，选择了寻径网络算法（Pathfinder Network），同时选择了对每个切片的网络进行裁剪（pruning sliced networks）的网络辅助剪裁策略，其余选项保持默认状态，最终得到了农村义务教育质量研究的关键词共现知识图谱，如图 2-2 所示。

如表 2-1 所示，在样本文献中出现频次较高的前十个关键词中，"义务教育"出现的频次最多，达 109 次，中心度是 0.94；其次是"农村义务教育"，出现 41 次，中心度是 0.4。"均衡发展"和"教育公平"的出现频次也较高，分别是 36 次和 34 次，中心度分别为 0.57 和 0.55。结合图 2-2 中知识节点的大小以及高频关键词及其中心度，重新查找农村义务教育质量研究的相关文献，由此梳理出学界关于农村义务教育质量研究的热点：农村义务教育质量与教育均衡、农村义务教育质量与教育公平、农村义务教育质量与农村区域发展、农村义务教育质量指标体系、农村义务教育质量监测、农村义务教育质量政策保障，农村义务教育质量的现状、原因和对策等。

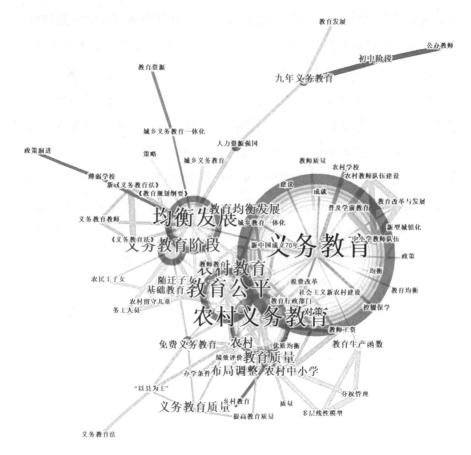

图 2-2　农村义务教育质量研究的关键词共现知识图谱

表 2-1　样本文献前十个高频关键词

序号	关键词	频次	中心度
1	义务教育	109	0.94
2	农村义务教育	41	0.4
3	均衡发展	36	0.57
4	教育公平	34	0.55
5	农村教育	17	0.05
6	义务教育阶段	14	0.41
7	教育质量	8	0.1

续表

序号	关键词	频次	中心度
8	义务教育均衡发展	7	0
9	义务教育质量	6	0.02
10	布局调整	6	0

三、农村义务教育质量研究的热点分析

（一）关于农村义务教育质量与教育均衡的研究

义务教育均衡发展是受教育者在有关法律法规的保障下，机会均等地享有教育资源和条件，[1] 其目标在于保证教育供给和教育需求的相对均衡，[2] 其所追求的是一种理想、公平、高效、优质的教育状态。[3] 梳理学界有关义务教育均衡发展的观点，具有代表性的有"层次论""条件论"以及"阶段论"等。[4] 义务教育均衡发展既是一种结果，又是一个辩证的历史发展过程。义务教育的不均衡发展有着历史和现实原因，要解决义务教育发展不均衡的问题，需要经历一个较长的过程。义务教育均衡发展的过程，是一个由"相对均衡—不均衡—相对均衡"[5] 的螺旋式上升和循环发展的动态演变过程。[6] 农村义务教育质量与义务教育均衡发展有着千丝万缕的内在联系。实现教育均衡发展，让人们享有更好更公平的教育，需

---

[1] 于建福. 教育均衡发展：一种有待普遍确立的教育理念[J]. 教育研究，2002（2）：10-13.

[2] 范先佐，曾新，郭清扬. 义务教育均衡发展与农村中小学教师队伍建设[J]. 教育与经济，2013（6）：36-43，53.

[3] 任雪莲，刘六生. 区域教育均衡发展初探[J]. 当代教育论坛（宏观教育研究），2007（4）：43-44.

[4] 王建容，夏志强. 我国义务教育均衡发展的内涵及其指标体系构建[J]. 理论与改革，2010（4）：70-73.

[5] 余如进. 教育均衡发展的内涵及策略[J]. 教育理论与实践，2008，28（12）：7.

[6] 王明露，王世忠. 义务教育均衡发展研究：现状、热点及展望——基于2000—2019年相关文献的可视化分析[J]. 教育与教学研究，2021，35（8）：87-101.

要大力提高农村教育质量。[1] 2012 年，国务院在《关于深入推进义务教育均衡发展的意见》中，明确指出我国在区域之间、城乡之间、学校之间办学水平和教育质量还存在明显差距，并提出着力提升农村学校和薄弱学校办学水平，全面提高义务教育质量。推动义务教育均衡发展，是我国在社会转型时期教育发展的战略抉择，而推动农村教育的高质量发展，确保每一个适龄儿童接受有质量的教育，既是义务教育均衡发展的题中之义，又是义务教育均衡发展的内在要求。义务教育均衡发展是在普及义务教育、保障受教育权利平等与教育机会均等的基础之上，追求高质量、高效率的教育发展状态，是对教育公平的更高一层次的诉求。它以教育质量为核心，旨在实现教育质量的均衡发展。[2]

（二）关于农村义务教育质量与教育公平的研究

教育公平是社会公平的重要基础，[3] 是我国基本的教育政策。[4] 教育公平是我国当前主导性的教育政策，同时也是义务教育的根本价值取向。义务教育公平是其他类型教育公平的基础，是社会公正的前提。[5] 党的十九大报告作出了"努力让每个孩子都能享有公平而有质量的教育"的庄重承诺。2019 年出台的《关于深化教育教学改革全面提高义务教育质量的意见》，更是专门对农村教育质量的提升提出了相关要求。要促进教育公平就要普遍提高教育质量，[6] 提高农村义务教育质量是实现教育公平的内在要义。我国实施的免费义务教育政策，有效地降低了农村居民的受教育成本，不但帮助其子女顺利地完成了义务教育，并让其子女能够有机

---

[1] 王世忠. 提高农村教育质量关键在哪里[N]. 人民日报，2015-2-16.

[2] 冯建军. 论教育质量及教育质量均衡[J]. 教育研究与实验，2011(6)：1-6.

[3] 沈玉顺. 教育公平与政府责任[J]. 上海教育科研，2010(11)：1.

[4] 刘世清，严凌燕. 把教育公平作为国家基本教育政策[J]. 中国教育学刊，2019(9)：11-15，21.

[5] 褚昭伟. 教育公平类别的精细划分与义务教育公共服务的精准提供[J]. 教育理论与实践，2018，38(22)：21-25.

[6] 顾明远. 以提高教育质量来促进教育公平[J]. 新教师，2021(9)：1.

会接受更高层次的教育。免费义务教育政策在提高农村教育质量，以及实现教育机会公平方面发挥了积极作用。[1] 随着城镇化进程的加快和农村流动人口的增多，由农村人口"空心化"所导致的农村教育"空心化"和"留守二代"的教育公平问题，[2] 以及农村流动人口随迁子女的教育问题值得关注。[3] 秉持教育公平理念，促进城乡义务教育均衡发展，[4] 应确保农村学校规模适度，以教育质量提升和公平原则为优先，促进农村学校多元化发展，[5] 更好地服务于农村学生的成长成才。

（三）关于农村义务教育质量与农村区域发展的研究

农村义务教育是农村地区经济社会的一个子系统，通过对农村义务教育质量与区域发展进行研究，有助于实现农村义务教育与区域发展的良性互动与和谐共生。我国区域间教育发展水平存在差距，尽管政府采取了转移支付、重点扶持、优先发展、对口援助等一系列措施以加强和提高农村地区义务教育事业的质量，但区域间教育发展存在差距的状况仍未得到有效的解决。[6] 提高农村义务教育质量有助于为农村青少年累积受教育资本[7]，这是开发农村地区人力资源，实现区域经济社会发展的内源性、持续性的动力。[8] 实现基础教育资源均等化配置，既是提高农村义务教

---

[1] 彭骏，赵西亮. 免费义务教育政策与农村教育机会公平——基于教育代际流动性的实证分析[J]. 中国农村观察，2022(2)：144-164.

[2] 许长青，曹帅. 农村"空心化"背景下基础教育公平问题的挑战与推进策略[J]. 教育导刊，2020(8)：18-24.

[3] 周军，黄秋霞. 教育公平下的农村流动人口随迁子女义务教育问题成因及其改善探析[J]. 教育与教学研究，2018，32(10)：55-59，125.

[4] 张茂聪，冯永刚. 公平与均衡视域下义务教育资源有效配置的研究——以山东省农村中学生进城就读现象为例[J]. 教育研究，2009，30(12)：100-104.

[5] 赵丹，曾新. 义务教育均衡发展背景下农村学校规模对教育质量的影响[J]. 现代教育管理，2015(3)：26-30.

[6] 朱益明. 尊重差异的教育区域发展[J]. 上海教育科研，2013(2)：1.

[7] 邬志辉. 农村义务教育质量至关重要[J]. 教育研究，2008(3)：31-33.

[8] 邓艳红. 以新基础教育引领西部农村的和谐发展——论西部民族地区农村基础教育的经济社会价值[D]. 北京：中央民族大学，2006：1.

育质量的前提，也是推进区域社会发展和新型城镇化建设的重要支撑。[1]
而在不同的区域，农村义务教育设施存在"分散"与"集中"的配置模式，由
此也就出现便利性与配置效率的矛盾。[2] 通过合理利用区域基础教育资
源、科学统筹区域基础教育资本，加大公共财政支持，以缩小区域、城
乡、校际差距。[3] 在后疫情时代，新技术与教育深度融合，借助在线学
习共享教育资源的模式势不可挡，充分利用在线教育扩大优质教育资源的
覆盖，是优化教育资源配置，促进优质教育资源共享，从而逐步提高农村
义务教育质量的重要途径。[4]

（四）关于农村义务教育质量指标体系的研究

伴随着我国教育质量监测制度机制的不断完善，进一步完善区域义务
教育质量关键影响因素监测指标框架的必要性愈发凸显。[5] 对于农村地
区的义务教育而言，农村义务教育质量指标是描述和判断农村义务教育质
量的工具，[6] 因此，建立起科学合理的农村义务教育质量评价指标体系，
是有效评价、监控和提高农村义务教育质量的关键环节。由于教育质量的
构成是多维度的，教育质量的衡量标准也应该是多维度的，而"不管对教
育质量的理解存在多少种可能，从教育教学的实践来看，对教育质量衡量
的核心在于特定类型、特定学段教育目标的实现程度，最终的落脚点则在

---

[1] 周海银. 我国区域基础教育资源配置对新型城镇化影响的实证研究[J]. 西北师大学报
（社会科学版），2016，53（2）：93-98.

[2] 赵民，邵琳，黎威. 我国农村基础教育设施配置模式比较及规划策略——基于中部和东
部地区案例的研究[J]. 城市规划，2014，38（12）：28-33，42.

[3] 薛嘉春. 区域基础教育资源整合研究[D]. 沈阳：东北师范大学，2011：1.

[4] 张睿，李孝川. 农村地区优质在线教育资源的共建共享研究[J]. 职教通讯，2021（9）：
87-93.

[5] 檀慧玲，黄洁琼，万兴睿. 我国区域义务教育质量关键影响因素监测指标框架构建研究
[J]. 中国教育学刊，2020（2）：33-39.

[6] 于海波，秦玉友. 农村义务教育质量指标体系建构研究[J]. 教育科学研究，2008（21）：
62-65.

于学生的全面发展"[1]。在探索构建义务教育质量指标体系方面,上海市提出构建的义务教育质量十个绿色评价指标体系,包含了学生学业水平和相关各影响因素。"'绿色指标'力求破解单一评价难题,探索一套义务教育质量评价的绿色指标体系,进而全面关注学生的健康成长。"[2]2013年,教育部出台的《中小学教育质量综合评价指标框架(试行)》,涵盖了学生品德发展水平、学业发展水平、身心发展水平、兴趣特长养成、学业负担状况等五个方面20个关键性指标,较为全面地涵盖了义务教育质量监测的观测点,体现了全面质量观。它对于建立体现素质教育要求、以学生发展为核心、科学多元的农村义务教育质量评价制度,具有较大的指导意义。

(五)关于农村义务教育质量监测的研究

提高质量的前提是要保证质量,而要保证质量,就离不开科学合理的监测机制。对义务教育质量的精准监测是实现义务教育高质量发展的基础性环节,[3]"建立国家义务教育质量监测体系的根本目标,不在于监测制度的建立或监测本身,而在于义务教育质量保障"[4]。教育质量监测早已引起国际社会特别是发达国家政府的关注,但是我国农村义务教育质量监测体系起步较晚。2015年,我国发布了《国家义务教育质量监测方案》,并于同年开展了首次监测,这标志着我国国家义务教育质量监测制度得以正式建立。[5] 2021年,《国家义务教育质量监测方案(2021年修订版)》发

[1]　中国教科院教育质量标准研究课题组:袁振国,苏红.教育质量国家标准及其制定[J].教育研究,2013,34(6):4-16.

[2]　陈效民.改革义务教育质量综合评价的理性抉择——关于上海市试行学生学业质量绿色指标体系的思考[J].上海教育科研,2012(8):5-8.

[3]　农新发.义务教育质量相关影响因素监测的政策基础和设计框架[J].陕西教育(综合版),2022(6):35-36.

[4]　崔允漷.试论建立国家义务教育质量监测体系的价值[J].教育发展研究,2006(5):1-4.

[5]　李勉,刘春晖.国家义务教育质量监测:素质教育实施的制度突破口[J].中国教育学刊,2016(12):19-22,28.

布，由此启动了第三周期国家义务教育质量监测工作。改革和完善农村基础教育质量监测制度，是体现国家义务教育方针，适应农村基础教育课程改革，全面推进素质教育的需要。[1] 在改进农村义务教育质量监测评价方面，建构多维度、多主体参与的农村义务教育质量监控体系，[2] 有着重大的实践意义，它能够为稳定和提高农村义务教育质量提供必要的信息。同时，也应建立完善的预警机制，[3] 以应对农村适龄儿童的教育权利可能遭遇的干扰，以及农村义务教育质量可能遭遇的危机。

（六）关于农村义务教育质量政策保障的研究

有学者通过对农村义务教育的政策变迁进行研究，以揭示政策在保障农村义务教育质量方面的作用。清末民初是我国教育从传统走向现代的起步时期，也是义务教育开始实行和初步发展时期。不同历史时期的农村义务教育政策存在渊源性联系，[4] 回顾和梳理新中国成立以来农村义务教育政策的变迁历程，可以发现农村义务教育政策的运行逐步走上规范化的轨道，在政策价值方面也愈发凸显对教育公平的诉求，这些都为提高农村义务教育质量奠定了坚实的基础。步入21世纪以来，我国农村教育政策的演进经历了夯实基础、均衡化发展、高质量发展三个阶段。[5] 但是，在市场经济体制下，农村义务教育政策实践的价值偏离公共性特征，[6] 农

[1] 沈南山. 安徽农村基础教育质量监测体系研究[J]. 合肥师范学院学报，2015，33(6)：105-108.

[2] 李娟，秦玉友. 农村义务教育质量监控研究[J]. 教育理论与实践，2009，29(25)：33-36.

[3] 陈敬朴. 论农村义务教育质量预警机制[J]. 教育发展研究，2007(21)：58-62.

[4] 曲铁华，慈玲玲. 民国时期农村基础教育政策变迁的路径与逻辑[J]. 沈阳师范大学学报(社会科学版)，2013，37(5)：1-5.

[5] 周均旭，刘子俊. 走向高质量发展：二十一世纪我国农村基础教育政策注意力的演进逻辑[J]. 当代教育论坛，2021(3)：1-11.

[6] 陈秋苹. 基础教育市场化的政策反思及其展望[J]. 教育发展研究，2012，32(Z2)：69-72，89.

村义务教育政策仍然存在前瞻性不足、政策结果和目标之间存在偏差的问题,[1] 农村义务教育政策未能完全适应农村社会经济发展的需要。在农村义务教育相关政策中,教师政策备受关注。建党百年来,我国农村教师政策演进逻辑集中反映在价值、架构、逻辑构成三个方面,[2] 其中,自2006 年起我国实施至今的特岗教师政策,已累计招聘特岗教师近百万名,[3] 特岗教师政策已然成为提高农村义务教育质量的重要保障。

(七)关于农村义务教育质量的现状、原因和对策的研究

世界主要发达国家用了一百多年的时间,才逐步实现义务教育的普及。而"中国用 20 多年时间走完了发达国家一百多年的历史进程,基本解决了让所有适龄儿童都能上学,都能接受国民教育的难题"[4]。伴随着社会的发展与进步,农村义务教育的需求在变化,推力在加大,但阻力仍然很大。[5] 在传统精英式的教育模式下,人们关于农村义务教育质量的观念,仍有片面追求入学率、辍学率与完学率的倾向,这些指标虽然能够衡量国家或地方政府教育工作的有效程度,但它们却拉大了受教育者及其生活社区的距离,不能反映出基础教育带给受教育者的真实变化。[6] 当前,我国农村教育事业已达到新的历史高位,高质量发展成为农村教育转型升

---

[1]　谭春芳. 农村基础教育政策变迁的特点、问题及走向[J]. 教育探索, 2013(12): 60-62.

[2]　张妍,曲铁华. 中国共产党百年农村教师政策回眸与前瞻[J]. 现代教育管理, 2021(6): 10-17.

[3]　赵文朝,贾伟. 基于农村教育高质量发展的特岗教师政策展望[J]. 今日教育, 2022(6): 36-37.

[4]　柳海民. 农村基础教育发展的拐点: 由普及外延转向提升内涵[J]. 教育研究, 2008(3): 33-34.

[5]　袁桂林. 农村基础教育发展的需求、推力与阻力[J]. 华南师范大学学报(社会科学版), 2013(1): 22-25, 157.

[6]　武晓伟,朱志勇. 论我国"精英式"农村基础教育问题及其治理[J]. 南京社会科学, 2014(2): 138-143, 137.

级的战略抉择。[1] 提高农村义务教育质量还面临着诸多挑战，如教育理念比较陈旧，教育功利化的倾向还比较突出，资金投入依然相对不足，课程设置脱离农村实际，师资力量薄弱等问题。而衍生于区域经济差距的数字鸿沟，[2] 也成为教育发展不均衡的一个关键因素。在城镇化的进程中，只有打破城乡教育二元结构的制度瓶颈，才能推动城乡教育的一体化，[3] 使农村义务教育逐步与城市教育融为一体、均衡发展。[4] 同时，应建立教育经费使用管理的监督机制，以及有别于城市的教师编制核定机制，[5] "实现农村教育发展思路的转变，在全面教育质量观的基础上，认识提高农村教育质量面临的机遇与挑战，形成以共同利益为切入点的城乡协同发展思路"[6]。

第 三 节

农村义务教育高质量发展的研究趋势

学界在农村义务教育质量方面开展了一系列卓有成效的研究，他们提出的一系列富有建设性的意见，为有效推动农村义务教育高质量发展提供了理论依据和实践指导，并为推动农村地区义务教育事业的发展与改革奠

---

[1] 朱德全，石献记. 新时代农村教育高质量发展的价值理性[J]. 民族教育研究，2022，33(2)：5-15.

[2] 康军，李建军. 数字鸿沟对西南民族地区农村基础教育质量的影响及对策[J]. 贵州民族研究，2022，43(3)：193-198.

[3] 褚宏启. 教育制度改革与城乡教育一体化——打破城乡教育二元结构的制度瓶颈[J]. 教育研究，2010，31(11)：3-11.

[4] 王丽娜，宋丹. 城乡一体化进程中农村义务教育质量现状分析——以鲁西南A县为例[J]. 基础教育，2013，10(2)：26-31，18.

[5] 袁桂林. 农村义务教育"以县为主"管理体制现状及多元化发展模式初探[J]. 东北师范大学学报(哲学社会科学版)，2004(1)：115-122.

[6] 盛连喜. 提高农村教育质量的几点思考[J]. 教育研究，2008(3)：29-31.

定了坚实的基础。借鉴国际先进经验，立足本土实际情况，现有的研究还存有可拓展的空间。

一、实现理论思辨与实证研究的有机融合

理论层面的思辨和探讨，是学界研究农村义务教育质量问题的重要方式，许多研究成果侧重于在学理上分析农村义务教育质量的现状问题，并基于对原因的分析提出相应对策。这对于引导社会各界关注农村义务教育质量问题大有裨益，但也容易导致对农村义务教育质量存在现象化理解。由于单纯地以现象或结果为思辨依据而未能深入探求原因，导致存在无视事物的发展规律和历史条件潜在的风险。相比较而言，关于农村义务教育质量问题的相关实证研究的成果数量还是比较少。而且，学界针对农村义务教育质量分析的问题和提出的对策建议，也有趋同的现象。在提出的建议中，实际可操作的也比较少，尤其是关于建立一套科学适用的农村义务教育质量标准体系的探索还比较少。作为一门社会科学的研究，除理论层面的思辨之外，必须辅以合乎科学研究规范的实证研究，才能够提高相关结论的可接受性，这也是教育学研究摆脱经验主义，并进一步提高其科学性的重要路径。因为实证研究具有鲜明的直接经验特征，其研究结果客观，可信度较高，可以有效弥补由理论分析带来的实践缺失。但是需明确的是，若是过于强调实证分析，会不可避免地导向琐碎的数据分析或史实还原，而由此会导致对宏观视野和价值判断的放弃。同时，由于教育是培养人的社会活动，如果过于强调数据分析，即只关注冷冰冰的数字，就有可能陷入"目中无人"的泥淖。因而，在今后对农村义务教育质量的研究中，应在理论思辨的基础上加强实证研究，将定量研究与定性研究有机结合，在关注农村义务教育质量现状的同时，洞察其发展的规律和历史条件，从而在实践层面更好地提升农村义务教育质量。

二、坚持农村义务教育质量研究的多维理论视角

理论源于实践，理论指导实践。只有实践没有理论是经验主义，只有理论而没有实践则有纸上谈兵的嫌疑。理论与实践密不可分，在实际研究中，以相关的理论为研究基础，有利于反思以往教育问题研究中的思维方式问题，打破一以贯之的思维局限，从而为教育问题研究的开展寻找新的出发点，为研究提供新颖的视角和广阔的思路。综观现有的关于农村义务教育质量问题的研究，大多是以公共产品和教育公平为理论基础。相同的理论基础，使得学者能够立足于相近的立场或研究视角开展研究，能够在取得相近的研究成果的基础上，实现对农村义务教育质量问题研究的深入探索。但是，这也在一定程度上会导致农村义务教育质量问题的研究视角的狭隘，使得研究成果或结论高度相近而缺乏足够的丰富性，从而制约农村义务教育质量问题研究成果的原始创新。事实上，开展农村义务教育质量的研究，可以尝试立足不同的学科，以不同的理论为研究视角，从而保证对农村义务教育质量问题有一个客观公正且相对全面的认识和思考。一方面，可以从不同的学科立场研究农村义务教育质量问题。除了属于教育学的研究范畴，还可立足于农村社会的发展。农村义务教育质量问题属于社会学的研究范畴，可立足于农村地区人力资本积累和乡村振兴；它又属于经济学的研究领域，可着眼于农村教育与社会公平正义；它也属于伦理学的研究对象。因而，可以尝试从不同的学科视角探究农村义务教育质量问题。另一方面，可以从不同的理论视角探讨农村义务教育质量问题。考虑到农村义务教育是国民教育体系的重要组成部分，可以尝试从系统理论的视角进行研究。而考虑到农村义务教育质量与农村地区社会发展的联系，可以尝试从人力资本理论或场域理论的视角进行分析。总之，通过不同领域、不同学科的交叉融合，从而实现农村义务教育高质量发展的多维度审视，有利于实现农村教育理论探究和发展思路的创新，有助于将原本分散的农村教育现象串联成一幅完整的农村教育图景。

三、研究目光聚焦于农村学校层面

梳理现有相关文献，发现大多是从国家的宏观层面或地区的中观层面开展农村义务教育质量问题的研究，这有利于在政策上整体把握农村义务教育事业发展方向，明确农村义务教育事业发展的历史方位，进而为农村义务教育办学条件的优化和办学质量的持续改善争取更多的政策支持，创造良好的外部环境。但是，无论农村义务教育外在条件如何优化和改善，提高农村义务教育质量诉求的落脚点，最终还是要落实到农村学校的改善。尤其是在城镇化进程加速和农村学校撤并的过程中，加之城乡教育质量差距等一系列主客观因素，[1] 对于所出现的农村小规模学校和乡镇寄宿制学校，特别需要给予足够的关注。现阶段农村学校教师和学生向城镇学校的自发单向流动，既是导致义务教育"城强乡弱"形态格局的原因，同时也是义务教育出现"城强乡弱"形态格局的结果。要打破这一循环，就必须着力提升农村学校的办学质量，提高农村学校对教师和学生的吸引力。农村学校是提高农村义务教育质量的最终实践场所，农村学校组织的建设、办学环境和办学空间、师资队伍建设、校本课程资源开发、经费投入与配置、学生学业态度以及人际互动等，都是影响农村义务教育质量的重要因素。研究聚焦到农村学校层面，既要坚持底线思维，补齐农村学校发展的短板，同时要有优势思维，立足乡土实现农村学校特色发展，充分释放农村教育的后发优势。总之，对农村义务教育学校办学情况的持续关注，聚焦学校层面教育质量的稳步改善，应是当前提高农村义务教育质量的关键所在。[2]

---

［1］ 邬志辉. 全力打赢农村"两类学校"建设攻坚战［EB/OL］. http：//edu. people. com. cn/n1/2018/0820/c1053-30238126. html.

［2］ 王明露. 农村义务教育质量研究：内容、理论基础及发展趋势［J］. 教育与教学研究，2018，32（1）：14-19，122.

政策演进：农村义务教育高质量发展的实践理路

　　历史是一面镜子，透过农村义务教育质量政策的沿革与演变，聚焦政策的文本内容，分析政策的成效与得失，有助于总结农村义务教育发展的历史经验，有助于加深对当前我国农村义务教育质量问题的思考与理解。同时，厘清农村义务教育质量政策的发展脉络，有助于在新时代制定出更加完善、更契合实际的农村义务教育质量政策，对于改善农村义务教育的发展面貌，持续提高农村义务教育质量，办好人民满意的义务教育有着重要的理论意义和现实价值。

　　本章梳理了新中国成立后农村义务教育质量政策的历史沿革，旨在从政策演进的视角，探讨我国农村义务教育高质量发展的实践理路。但是，在新中国成立之初，我国并没有"义务教育"这一明确提法，直至1986年颁布实施的《中华人民共和国义务教育法》，才首次把免费的义务教育以法律的形式固定下来。由于义务教育属于基础教育的范畴，对于基础教育质量政策的规定，也可以视为义务教育质量政策。

第 一 节

普及初等教育时期的农村义务教育质量政策

　　1949年，《中国人民政治协商会议共同纲领》在第四十七条明文规定"有计划有步骤地实行普及教育"，这是新中国最早的普及教育的政策,[1]由此拉开了新中国普及初等教育时期的义务教育质量政策序幕。尽管《中国人民政治协调会议共同纲领》并没有明文规定普及教育的年限和性质，但是"有计划有步骤"的基本方针，成为此后各个时期普及义务教育政策的一个基本遵循。

---

　　[1]　王慧，梁雯娟. 新中国普及义务教育政策的沿革与反思[J]. 河北师范大学学报(教育科学版)，2015，117(3)：31–38.

一、新中国成立后至"文革"前(1949—1965 年)

1949 年 12 月，新中国第一次全国教育工作会议胜利召开，会议确定了全国教育建设的总方针，以逐步改革旧教育的方针、步骤和发展新教育的方向。1951 年召开的第一次全国初等教育及师范教育会议，其中心议题是确定新中国初等教育方针任务，会议要求从 1952 年开始，争取在 10 年内基本普及小学教育，以及在 1957 年前争取全国平均 80% 学龄儿童入学。同时，会议还提出在 5 年内增加百万名小学教师，将小学的学制逐步改为五年一贯制。[1]

为了达成基本普及教育的目标，我国采取了有计划地增设公立小学，整顿和发展民办小学等措施，以提供更多的入学机会。同时，除了举办正规的小学外，还积极探索多种办学形式，如半日班、早学、夜校等，这些形式在特定的历史背景下，对于增加入学机会、普及初等教育作出了重要的贡献。到 1957 年，全国小学学校数量达到 54.73 万所，其中，民办小学 7.56 万所，在校生 6428.3 万人。

新中国成立后，为了探索适合我国国情的学制，增加入学机会，1958 年，中共中央、国务院发布了《关于教育工作的指示》，提出要对学制进行改革，各省、自治区、直辖市党委和政府有权对新学制积极地进行典型试验，并报告中央教育部。经过典型试验取得充分经验之后，应当规定全国通行的新学制。随后，许多地区深入开展了学制改革的探索。例如，为了将入学年龄提早，进行了六岁入学的试验；为了缩短教育年限，进行了中小学十年一贯制的试验等；为了贯彻"两条腿走路"的方针，采取了多种形式办学。[2]

针对中小学生学业负担较重，过于看重和追求升学率的问题，1964

---

[1]　中央教育科学研究所. 中华人民共和国教育大事记 1949—1982[M]. 北京：教育科学出版社，1984：46.

[2]　王道俊，郭文安. 教育学[M]. 北京：人民教育出版社，2016：114.

年，教育部临时党组在《关于克服中小学学生负担过重现象和提高教学质量的报告》中，指出了中小学校学生存在课业负担过重的问题，同时指出了三个最突出的现象，即课程门类多、课外作业多、测验考试多。[1] 同年，中共中央、国务院批转了该报告，并强调要"努力改进教学方法和考试方法，注意发挥学生在学习中的主动性，切实做到既克服了学生过重负担，又提高了教学质量"[2]。中共中央、国务院对该报告的批转，将义务教育质量政策上升到了国家的高度，目的在于加强对基础教育质量问题的解决和处理。

二、"文革"期间（1966—1976 年）

"文革"期间的基础教育政策除了仍然坚持以国家为本位，还着重强调了思想政治意识形态，对知识的要求大为降低，在知识与能力上，更注重技能的传授，尤其是工农业劳动技能。

这一时期的义务教育虽然受到较大的冲击，但是依然有所发展。1971年，周恩来在接见全国教育工作会议领导小组成员和相关代表的时候，强调了普及小学教育的重要性。当年，国家发布了追加教育经费，重点用于资助农村中小学教育的通知，对于推动初等教育的普及发挥了重要的作用。

总之，"文革"期间基础教育政策的变更，对基础教育事业的发展产生了较大的影响，导致了大批受教育者未能系统全面地掌握基础知识和基本技能。这一时期基础教育质量下滑较为明显，同时也导致高校招生的生源质量较差。

---

[1] 关于克服中小学学生负担过重现象和提高教学质量的报告[EB/OL]. http：//www. ce. cn/xwzx/gnsz/szyw/200706/06/t20070606_ 11621353. shtml.
[2] 中共中央、国务院批转教育部临时党组《关于克服中小学学生负担过重现象和提高教学质量的报告》[EB/OL]. http：//www. ce. cn/xwzx/gnsz/szyw/200706/06/t20070606_ 11621353. shtml.

三、"文革"后至回归正轨时期(1977—1984 年)

"文革"后，教育事业发展的环境大为改观，普及初等教育再度列入政府工作的重要议事日程，农村义务教育迎来新的发展机遇。

1977 年，国务院批转教育部《关于 1977 年高等学校招生工作的意见》，恢复全国统一高考、统一招生的升学政策。高考政策的恢复，使基础教育事业的发展逐步走向正轨，由此也带来了片面追求升学率、学生学业负担过重等一系列现实问题。

为了加快普及初等教育的步伐，尽快提升国民素质和缩短受教育年限，1979 年，教育部发出通知，要求抓紧普及小学五年制教育，并针对一些地区出现入学率下降、流失率上升的情况，提出入学率不是普及率，不能仅满足于入学率达到 90% 以上而放松普及工作。

1980 年，中共中央和国务院作出"在 1990 年前以多种形式基本实现普及初等教育，经济比较发达、教育基础较好的地区，要争取提早实现"[1]的重要决定。其后，我国在发布的《关于普及小学教育若干问题的决定》中，提出要在 80 年代基本普及小学教育，"经济比较发达、教育基础较好的地区，应在 1985 年普及小学教育，其他地区一般应在 1990 年前基本普及。至于极少数经济特别困难、山高林深、人口稀少的地区，普及期限还可延长一些"[2]。

1982 年通过的《中华人民共和国宪法》，明确规定了"国家举办各种学校，普及初等义务教育"；同时规定了"公民有受教育的权利和义务"。这是新中国首次在宪法层面规定普及义务教育，为义务教育的法制化进程提供了法律依据。

---

[1]　胡耀邦. 全面开创社会主义现代化建设的新局面[M]. 北京：人民出版社，1982：26-27.

[2]　中国教育事典编委会. 中国教育事典（初等教育卷）[M]. 石家庄：河北教育出版社，1994：1878.

1983 年，教育部颁布了《关于全日制普通中学全面贯彻党的基础教育方针、纠正片面追求升学率倾向的十项规定》(试行草案)，指出不能只抓升学，忽视对劳动后备军的培养；只抓少数学生和毕业班，忽视多数学生和非毕业班学生；要求不得歧视后进生或无故迫使他们退学、转学，要求减轻学生过重的学习负担。

面对农村学校办学经费不足、办学条件薄弱，中小学教师待遇偏低等问题，1984 年，国务院发出《关于筹措农村学校办学经费的通知》，以改善农村学校的办学条件。《关于筹措农村学校办学经费的通知》要求开辟多种渠道，筹集农村学校办学经费，除国家拨给的教育事业费外，乡人民政府可以征收教育事业费附加。农村实行征收教育事业费附加是一项改革，强化了乡政府在筹措义务教育经费中的责任，在较大程度上解决了我国农村地区普及初等教育所面临的经费不足的难题。

总之，在普及初等教育时期，普及的年限主要确定在初等教育阶段，即小学五年。新中国成立初期的义务教育质量政策，是在全面学习苏联的基础教育政策的基础上制定的，这实现了由旧中国的基础教育质量政策到新中国的基础教育质量政策的变迁。我国在这一时期的义务教育质量政策，具有国家本位、重知识、重思想政治、重选拔的特征。随着教育事业的发展，我国对教育功能的认识和发挥，也经历了由政治功能向经济功能的逐步转变。对于学生课业负担过重和片面追求升学率的关注，凸显了对教育规律的认识和对教育与人的发展关系的深刻理解。

第 二 节

普及九年义务教育时期的农村义务教育质量政策

1985 年颁布的《中共中央关于教育体制改革的决定》，开篇明义"教育体制改革的根本目的是提高民族素质，多出人才、出好人才"，并首次明确提出要因地制宜，积极地、有步骤地实行九年制义务教育，由此拉开了我国教育体制改革和普及九年义务教育的序幕。

一、基本普及九年义务教育时期（1985—2000 年）

在教育普及方面，虽然我国中小学教育有了很大的发展，但基础教育事业的发展仍然比较薄弱。基础教育的落后状况同全国各族人民建设富强、民主、文明的社会主义现代化国家的宏伟目标形成了较为突出的矛盾。正确解决这个矛盾的重要措施之一，就是加强教育立法，以法律手段来保障教育事业的蓬勃发展。[1] 同时，以立法形式推行义务教育，是为各国教育实践所证明的一条成功经验。[2] 1986 年制定的《中华人民共和国义务教育法》。由于时间较为仓促，加之教育立法经验不足，只制定了原则性的 18 条法律条文，但它却是我国教育史上的一件大事。因为它第一次以法律的形式明确规定我国实施九年义务教育，这不仅对于提高全民族的素质有着重要的意义，而且标志着我国社会主义教育事业开始走上了"依法治教"的轨道。

1988 年，国家教委出台了《关于全日制普通中学端正办学方向、纠正片面追求升学率倾向的督导评估的几点意见》，该文件针对基础教育在实践中片面追求升学率的问题，提出要以克服基础教育脱离实际和片面追求升学率的倾向为重点，促进基础教育改革的深化和基础教育质量的提高，同时要开展对普通中学端正办学方向、纠正片面追求升学率的督导评估。

1993 年，我国发布了《中国教育改革和发展纲要》（以下简称《纲要》），这是 20 世纪 90 年代至 21 世纪初我国教育改革和发展的纲领性文件，它在共和国教育发展史上，特别是改革开放以来的教育改革发展进程中，占有

---

[1] 庄金锋. 我国义务教育法若干问题探讨[J]. 法学研究，1987(5)：7-11.
[2] 黄新宪. 试论我国义务教育法的特点——兼评外国义务教育法规[J]. 社会科学，1986(11)：23-26.

重要的历史地位，产生了现实而又深远的影响和作用。[1] 在教育发展的方针和目标上，《纲要》把基本普及九年义务教育、基本扫除青壮年文盲，作为教育工作的重中之重。《纲要》在中国特色社会主义教育体系的主要原则中，明确提出教育必须全面贯彻党和国家的教育方针，遵循教育规律，全面提高教育质量和办学效益。同时，《纲要》还提出"建立各级各类教育的质量标准和评估指标体系，各地教育部门要把检查评估学校教育质量作为一项经常性的任务，要加强督导队伍，完善督导制度，加强对中小学学校工作和教育质量的检查和指导，以确保教育质量的稳步提升。

在这一时期，学生课业负担过重的问题受到广泛关注，1993 年，国家教育委员会下达《关于减轻义务教育阶段学生过重课业负担、全面提高教育质量的指示》，以解决小学和初级中学学生课业负担过重、义务教育全面提高公民素质宗旨难落实的现实问题。同时，该指示还明确提出要取消重点学校政策，要求"努力办好每一所小学与初级中学，义务教育阶段不应当分重点学校（班）与非重点学校（班）"。

中小学学生课业负担过重，是全社会普遍关心的问题。同时，人们也认识到应试教育不利于培养全面发展的人，由此着力推进素质教育。1994年，《中共中央关于进一步加强和改进学校德育工作的若干意见》首次明确提出了"素质教育"的概念，这可以视为我国义务教育质量政策是以素质教育为特征的政策的开始。同年 11 月，国家教育委员会在《关于全面贯彻教育方针，减轻中小学生过重课业负担的意见》中指出，解决应试教育、减轻中小学生课业负担过重问题的关键，在于转变教育思想，更新教育观念，而解决中小学生课业问题的根本出路在于改革。该意见提出，要搞好中等基础教育结构的改革，实行小学后、初中后和高中后"三级分流"，从宏观上解决中小学教育中普遍存在的"应试教育"模式问题。1996 年，《中

---

[1] 谈松华.教育奠基中国：1993 世纪之交教育改革发展的纲领[EB/OL].http：//www.edunol.net/hydt/shorunews.asp? id＝/10359.

华人民共和国国民经济和社会发展"九五"计划和 2010 年远景目标纲要》提出："改革人才培养模式，由'应试教育'向全面素质教育转变。"这是第一次明确提出我国的基础教育质量政策应由片面"应试教育"向全面素质教育转变。1997 年发布的《关于当前积极推进中小学实施素质教育的若干意见》，指出应改革人才培养模式，由"应试教育"向全面素质教育转变；同时，指出实施素质教育是迎接 21 世纪挑战，提高国民素质，培养跨世纪人才的战略举措；此外，还明确了向素质教育转变的目标，树立了素质教育的基本观念。

1995 年颁布的《中华人民共和国教育法》，明确了义务教育的权利、义务和经费来源。该法的颁布，标志着由宪法、教育基本法、义务教育法、实施细则及地方相应法规共同组成的义务教育法律体系的形成，为推进九年义务教育的普及提供了强有力的法律保障。

1998 年，我国发布了《面向 21 世纪基础教育振兴行动计划》，这是在贯彻落实《教育法》及《中国教育改革和发展纲要》的基础上，擘画的世纪之交的教育改革发展的施工蓝图。在义务教育方面，行动计划的主要目标是到 2000 年，全国基本普及九年义务教育，基本扫除青壮年文盲，大力推进素质教育。同时，行动计划还提出实施"跨世纪素质教育工程"，整体推进素质教育，全面提高国民素质和民族创新能力。2000 年初步形成现代化基础教育课程框架和课程标准，改革教育内容和教学方法，推行新的评价制度，开展教师培训，启动新课程的实验。争取经过 10 年左右的实验，在全国推行 21 世纪基础教育课程教材体系。

为了确保基本普及九年义务教育目标的如期实现，我国于 1995—2000 年组织实施了第一期"国家贫困地区义务教育工程"，支持贫困地区的义务教育事业发展，投入资金 126 亿元，其中，中央财政投入专款 39 亿元，地方配套资金 87 亿元。截至 2000 年底，全国通过"两基"验收标准的县（市、区）和其他县级行政区划单位总数已达 2541 个，地区人口覆盖率达到 85%，初中毛入学率达到 88.6%，青壮年文盲率下降至 5% 以下，京、津、沪、苏、粤、浙、吉、辽、闽、鲁、冀11个省(直辖市)通过了教育部"两基"评估验收,全面实现了现阶段"两基"规划目标。我国九年义务教育总规模达到19307.3万人,比1990年增加3111.6万人,增加19.25%。[1]

二、全面普及九年义务教育时期(2001—2011年)

步入新世纪,我国实现了基本普及九年义务教育的目标,但是仍有15%的西部和贫困、落后地区没有实现基本普及九年义务教育。农村地区的义务教育面临着城乡教育发展失衡、质量偏低等现实问题,在全面普及九年义务教育时期,加大对农村地区的义务教育事业的支持力度,是补齐义务教育发展短板的重要内容。

2001年,国务院发布了《关于基础教育改革与发展的决定》,要求巩固普及九年义务教育成果,大力推进基础教育的改革和健康发展,深化教育教学改革,扎实推进素质教育。同时要求继续减轻中小学生过重的课业负担,尊重学生人格,遵循学生身心发展规律,保证中小学生身心健康成长。为解决农村义务教育经费的问题,《关于基础教育改革与发展的决定》对农村义务教育采取了以县为主的管理体制,明确了县级政府的义务教育财政责任,在较大程度上解决了农村义务教育办学经费的问题。

为深入开展素质教育,我国开始实施新一轮基础教育课程改革,并于2001年印发了《基础教育课程改革纲要(试行)》,这标志着我国基础教育进入了一个崭新的时代——课程改革时代。基础教育课程改革将建立具有中国特色的现代化基础教育课程体系,使素质教育得以在课程这一微观层面落实,从根本上改变应试教育对基础教育质量的危害。[2]

农村教育是我国教育事业发展的短板和改革的难点,党和政府根据农

---

[1] 时晓玲."两基":谱写中国教育新篇章[EB/OL]. https://www.edu.cn/edu/zong-he/zhuan-ti/shi-liu-da/200603/t20060323-60616.shtml.

[2] 古翠凤,周劲波.我国基础教育质量政策变迁的路径特征[J].教学与管理,2008(30):3-5.

村教育发展的现实情况，专门制定了关于农村教育的相关政策，以推动农村教育事业的发展。2002 年印发的《关于完善农村义务教育管理体制的通知》，进一步明确了农村教育事业发展的政府责任，减轻了农民的经济压力，推动"农村教育农民办"顺利向"农村教育政府办"的转变，为农村地区实现全面普及九年义务教育扫清了障碍。为切实减轻农村家庭的教育负担，推动高质量"普九"，2005 年，我国开始实行"两免一补"政策，并建立起农村义务教育经费保障新机制。2007 年，《关于进一步做好农村义务教育经费保障机制改革有关工作的通知》和《关于调整完善农村义务教育经费保障机制改革有关政策的通知》相继出台，进一步补充和优化了农村义务教育经费保障新机制。新机制的实施，促进了农村义务教育事业投入的稳步增长。2003 年，农村义务教育投入总额为 1365 亿元，到 2007 年，投入总额增加至 2992 亿元，增幅达 119%，年均增长 21.7%。[1]

2003 年，国务院发布《关于进一步加强农村教育工作的决定》，强调"农村教育在全面建设小康社会中具有基础性、先导性、全局性的重要作用。发展农村教育，办好农村学校，是直接关系 8 亿多农民切身利益，满足广大农村人口学习需求的一件大事"。《关于进一步加强农村教育工作的决定》要求加快推进两基攻坚，巩固提高普及义务教育的成果和质量，力争用五年时间完成西部地区"两基"攻坚任务，已经实现"两基"目标的地区特别是中部和西部地区，要巩固成果，提高质量，力争 2010 年在全国实现全面普及九年义务教育和全面提高义务教育质量的目标。为全面贯彻《关于进一步加强农村教育工作的决定》，坚持把农村教育事业摆在"重中之重"的地位，推动加快农村教育发展，深化农村教育改革，促进农村经济社会发展和城乡协调发展，2004 年国务院发布《2003—2007 年教育振兴行动计划》，要求重点推进农村教育发展与改革，努力提高普及九年义务教育的水平和质量，为 2010 年全面普及九年义务教育和全面提高义务教育质

---

[1]　王慧. 中国当代农村教育史论[M]. 北京：光明日报出版社，2014：155.

量打好基础。同时，实施西部地区"两基"攻坚计划，力争到 2007 年底，使西部地区普及九年义务教育人口覆盖率达到 85% 以上，青壮年文盲率下降到 5% 以下，经济发达的农村地区要实现高水平、高质量"普九"目标。

在全面普及九年义务教育时期，城乡义务教育发展的不均衡问题得到社会各界的重视。切实提高农村义务教育质量，着力推进城乡义务教育均衡发展，也成为这一时期的重要内容。2002 年，教育部发布了《关于加强基础教育办学管理若干问题的通知》，首次明确提出"积极推进义务教育阶段学校均衡发展"。此后，义务教育均衡发展逐渐成为我国教育改革发展的主旋律。2005 年，教育部在发布的《关于进一步推进义务教育均衡发展的若干意见》中，首次将"均衡"作为义务教育发展的指导思想和发展方向，要求"有效遏制城乡之间、地区之间以及学校之间教育差距扩大的势头，积极改善农村学校和城镇薄弱学校的办学条件，逐步实现义务教育的均衡发展"。

随着时代的变迁和社会的进步，我国义务教育事业的发展水平不断提升。为回应时代和社会发展对义务教育提出的新要求，2006 年，我国重新修订了《义务教育法》。新修订的《义务教育法》从二十年前的 18 条修订为 8 章 63 条，这充分体现了我国教育立法水平、立法理念、立法技术和立法质量的巨大飞跃。较之 1986 年的《义务教育法》，新修订的《义务教育法》更为详尽，主要内容涉及总则、学生、学校、教师、教育教学、经费保障、法律责任、附则等多方面的内容。同时，对于义务教育在改革和发展进程中出现的问题，作了比较细致、全面的分类规定，因而新法的可操作性更强。而且，新修订的《义务教育法》在立法目的、义务教育的基本性质、经费投入、政府责任、学校安全、教育公平与均衡发展、教师队伍、法律责任等方面都有一些重大突破，[1] 为提高义务教育质量提供了法治保障。

---

[1] 刘复兴. 新《义务教育法》的突破与创新[J]. 教育研究，2006(9)：3-7.

2010 年，我国发布了《国家中长期教育改革和发展规划纲要（2010—2020 年）》，作为指导当时中国未来十年教育改革和发展的纲领性文件，该文件高度重视义务教育质量，并在指导思想和工作方针中，提出"把提高质量作为教育改革发展的核心任务。树立科学的质量观，把促进人的全面发展、适应社会需要作为衡量教育质量的根本标准"，"建立以提高教育质量为导向的管理制度和工作机制，把教育资源配置和学校工作重点集中到强化教学环节、提高教育质量上来。制定教育质量国家标准，建立健全教育质量保障体系"。

2011 年，我国所有省（区、市）通过了国家"普九"验收。义务教育事业的跨越式发展，从根本上解决了适龄儿童"上学难"的问题。在普及九年义务教育时期，义务教育质量政策有了较大的变化。总体而言，这一时期政策的主旋律是要逐步回归到办学的轨道上来。但在基础教育改革的实践中，也暴露出片面追求升学率、中小学生学业负担过重的问题。对此，除了政府层面出台相关政策予以指导纠偏之外，教育界也积极寻找解决办法，有力地推动了政府的科学决策，为稳步提高农村义务教育质量提供了有力的支持。

第 三 节

均衡发展时期的农村义务教育质量政策

九年义务教育的全面普及，确保了所有适龄儿童有机会接受义务教育。但是，在区域之间、城乡之间、学校之间，义务教育发展不均衡、办学质量差距较大的问题，随着义务教育的全面普及而越发凸显。推动义务教育均衡发展，确保每一个适龄儿童都能接受优质教育，成为全社会关注的热点和教育改革的重点。

一、基本均衡验收时期(2012—2016 年)

2012 年，国务院在发布的《关于深入推进义务教育均衡发展的意见》中，提出要加强省级政府统筹，强化以县为主的管理，努力缩小区域差距；指出到 2020 年，全国义务教育巩固率达到 95%，实现基本均衡的县(市、区)比例达到 95%。同时，《关于深入推进义务教育均衡发展的意见》明确提出着力提升农村学校和薄弱学校办学水平，全面提高义务教育质量。同年 7 月，教育部又出台了《县域义务教育均衡发展督导评估暂行办法》，并决定从 2013 年启动义务教育基本均衡县(市、区)的验收工作。

针对农村学校师资力量相对薄弱的问题，2014 年，我国发布了《关于推进县(区)域内义务教育学校校长教师交流轮岗的意见》，此举旨在通过优秀校长、教师的交流轮岗，实现优质师资在区域内部的合理流动，以达成缩小县(区)域内义务教育学校间管理和师资水平的差距，实现农村义务教育质量提升的目的。

在脱贫攻坚的伟大进程中，教育扶贫被赋予重要使命，"扶教育之贫"和"以教育扶贫"成为教育精准扶贫的"一体两翼"。2015 年出台的《中共中央国务院关于打赢脱贫攻坚战的决定》，在"着力加强教育脱贫"中，提出"加快实施教育扶贫工程，让贫困家庭子女都能接受公平有质量的教育""国家教育经费向贫困地区、基础教育倾斜"，并对乡村教师队伍建设及其待遇改善等方面提出了相关要求。

2016 年，《中华人民共和国国民经济和社会发展第十三个五年规划纲要》提出在教育现代化中，要全面提高教育质量，促进教育公平，培养德智体美全面发展的社会主义建设者和接班人。同年，面对我国部分地区城乡二元结构矛盾仍然突出、农村优质教育资源紧缺、教育质量亟待提高的现实问题，国务院出台了《关于统筹推进县域内城乡义务教育一体化改革发展的若干意见》，要求统筹推进县域内城乡义务教育一体化改革发展，合理规划城乡义务教育学校布局建设，完善城乡义务教育经费保障机制，统筹城乡教育资源配置，大力提高乡村教育质量，适度稳定乡村生源，着力解决"乡村弱"和"城镇挤"问题，巩固和均衡发展九年义务教育，加快缩小县域内城乡教育差距，为2020年取得教育现代化重要进展和全面建成小康社会奠定坚实基础。

在义务教育基本均衡验收时期，义务教育均衡发展被纳入省级政府对市级政府的绩效考核，由此，农村地区的义务教育经费投入得到了切实有效的保障。通过义务教育基本均衡验收，各地从软件和硬件两个方面不断缩小校际办学差距，着力提升办学质量。截至2016年底，全国共有1824个县通过了督导评估认定，占全国总数的62.4%。[1]

二、优质均衡验收时期(2017年至今)

新时代的农村教育事业的发展备受关注，十九大报告提出"把教育事业放在优先位置，深化教育改革，加快教育现代化，办好人民满意的教育"，同时要求"推动城乡义务教育一体化发展，高度重视农村义务教育"。[2]

在继续推进义务教育基本均衡的同时，我国也瞄准建设高质量教育体系的宏伟愿景，开始着力推动义务教育向高位均衡发展。2017年，教育部出台的《县域义务教育优质均衡发展督导评估办法》，决定建立县域义务教育优质均衡发展督导评估制度，旨在推进义务教育由基本均衡向优质均衡发展，实现义务教育事业的高质量发展。同年出台的《关于深化教育体制机制改革的意见》，要求切实改变农村和贫困地区教育薄弱面貌，着力提升乡村教育质量，完善义务教育均衡优质发展的体制机制。

我国历来是一个农业大国，也是一个发展中的"三农"大国。"三农"问

[1] 教育部：全国1824个县（市、区）实现义务教育发展基本均衡[EB/OL]. http：//education. news. cn/2017-02/23/c_ 129493996. htm.

[2] 习近平. 决胜全面建成小康社会　夺取新时代中国特色社会主义伟大胜利——在中国共产党第十九次全国代表大会上的报告[EB/OL]. http：//www. xinhuanet. com/politics/19cpcnc/2017-10/27/c_ 1121867529. htm.

题是我国治国理政的重要方面。2018 年，中共中央、国务院在《关于实施乡村振兴战略的意见》中，明确提出高度重视发展乡村义务教育，全面改善薄弱学校基本办学条件，推动优质学校辐射乡村薄弱学校常态化。同年，中共中央、国务院印发了《乡村振兴战略规划（2018—2022 年）》，该规划是新时代实施乡村振兴战略的行动纲领，其中明确提出优先发展乡村教育事业，要求全面改善贫困地区义务教育薄弱学校基本办学条件，加强寄宿制学校建设，提升乡村教育质量。

　　针对乡村小规模学校（指不足 100 人的村小学和教学点）和乡镇寄宿制学校的发展问题，2018 年，国务院办公厅印发了《关于全面加强乡村小规模学校和乡镇寄宿制学校建设的指导意见》，指出到 2020 年，基本补齐两类学校短板，进一步振兴乡村教育，基本实现县域内城乡义务教育一体化发展，为乡村学生提供公平而有质量的教育。从五个方面提出了解决乡村教育发展滞后问题的措施：一是统筹布局规划，二是改善办学条件，三是强化师资建设，四是强化经费保障，五是提高办学水平。

　　2019 年，我国发布了《中国教育现代化 2035》，作为面向 2035 描绘美好教育发展的愿景蓝图、为新时代开启教育现代化建设新征程指明方向的纲领性文件，其明确提出着力提高教育质量，完善教育质量标准体系，制定覆盖全学段、体现世界先进水平、符合不同层次类型教育特点的教育质量标准，构建教育质量评估监测机制。同年，我国出台了《关于深化教育教学改革全面提高义务教育质量的意见》，作为新时代我国深化教育教学改革、全面提高义务教育质量的纲领性文件，该意见对义务教育的指导思想、基本要求、构建德智体美劳全面培养的教育体系、教师队伍建设、质量评价体系方面作出了具体的要求，为提高义务教育办学质量，加快推进教育现代化，建设教育强国，努力办好人民满意的教育指引了前进方向。至此，全面提升教育质量，实现优质均衡，成为当前我国义务教育发展的主要任务。[1]

2020 年发布的《中共中央关于制定国民经济和社会发展第十四个五年规划和二〇三五年远景目标的建议》，提出建设高质量教育体系，促进教育公平，推动义务教育均衡发展和城乡一体化。

2021 年，广西、西藏、四川、新疆、内蒙古、甘肃等 6 个省份的 94 个县(市、区、旗)通过义务教育基本均衡发展国家督导评估认定。至此，全国 2895 个县都实现了县域义务教育基本均衡发展。义务教育基本均衡发展国家督导评估认定收官，义务教育基本均衡全面迈向优质均衡，由此标志着我国义务教育事业的发展开启了全新的篇章。

为建设高质量教育体系，构建教育良好生态，2021 年出台的《关于进一步减轻义务教育阶段学生作业负担和校外培训负担的意见》，从减轻学生作业负担、提升学校课后服务水平、规范校外培训行为、提升教育教学质量、强化配套治理等方面提出相关措施，以缓解家长的教育焦虑情绪，促进学生的全面发展和健康成长。同年出台的《义务教育质量评价指南》，从义务教育质量评价的内容、方式、实施、结果运用、组织保障等方面提出了具体的要求，为实现农村义务教育内涵发展和质量提升，推动农村教育治理体系和治理能力现代化奠定了坚实的基础。

建设高质量的教育体系离不开高质量的师资队伍，为建设一支新时代高素质、专业化、创新型的基础教育师资队伍，2022 年发布的《新时代基础教育强师计划》旨在促进基础教育教师数量、素质、结构等方面发展的协调，形成基础教育教师队伍建设新格局。该计划突出了对农村教师队伍建设的问题关注，为新时代农村教师队伍建设提供了实践指南。

2022 年，党的二十大报告明确提出"加快义务教育优质均衡发展和城

---

[1] 司晓宏，樊莲花，李越. 新中国 70 年义务教育发展轨迹、成就及愿景分析[J]. 人文杂志，2019(9)：3-12.

乡一体化，优化区域教育资源配置"。[1] 在优质均衡验收时期，适龄儿童"有学上"是农村义务教育质量政策制定的逻辑起点，而"上好学"是农村义务教育质量政策优化的目标所在。党和国家通过加大对农村地区教育事业的投入力度，实现办学资源均衡配置，关注农村教育的师资建设，保障特殊群体平等接受义务教育，减轻学生的作业负担和校外培训负担等，推动农村义务教育事业的高质量发展，充分彰显了以人民为中心的发展思想。

综观新中国成立以来的农村教育事业，在经费保障、教师队伍建设、教学管理、课程开发、质量评价等多个领域实现了历史性的飞跃。梳理我国义务教育质量政策的历史发展脉络，尤其是我国农村义务教育质量政策的演变历程，可以发现我国农村义务教育质量政策的价值取向主要经历了以下六个转向：一是由政府本位向以人为本转变，二是由效率优先向注重公平转变，三是由城乡二元到城乡一体转变，四是由重点建设到均衡发展转变，五是由看重知识传授向重视能力养成转变，六是由注重选拔向注重素质教育转变。

回顾新中国成立以来的农村义务教育质量政策变迁历程，可以发现其政策制定与完善有着内在的演进逻辑。立德树人的根本任务是农村义务教育质量政策演进的逻辑主线；立足农村教育事业发展现状，解决农村教育发展的现实困难是其政策演进的逻辑起点；坚持教育的公益性和普惠性是其政策演进的逻辑关键；办好人民满意的农村教育、办好老百姓家门口的学校是其政策演进的逻辑旨归。面向未来，我国农村义务教育质量政策的完善与优化，将更加凸显农村义务教育以人为本的办学理念和注重教育公平的价值抉择，更加关注区域农村教育改革发展的特殊困难，更加强调农村义务教育坚持立德树人这一教育根本任务的重要地位，以及建设高质量教育体系的坚决心志和宏伟愿景。

---

[1] 习近平. 高举中国特色社会主义伟大旗帜为全面建设社会主义现代化国家而团结奋斗——在中国共产党第二十次全国代表大会上的报告[EB/OL]. http：//cpc. people. com. cn/20th/n1/2022/1026/c448334-32551867. html.

第 四 章

质量标准：农村义务教育高质量发展的判断依据

义务教育质量标准是义务教育改革发展的指挥棒，义务教育质量的水平也要根据义务教育质量标准来评判。农村义务教育与城市义务教育有同质性也有异质性，要想立足自身实际情况办好人民满意的农村义务教育，还需在达到国家规定的质量标准的前提下，探索适用于农村义务教育的质量标准。

第 一 节

义务教育质量标准的内涵与多维体系

明确义务教育质量标准的内涵，梳理义务教育质量标准的多维体系，是探索城乡义务教育质量标准差异、合理定位农村义务教育质量标准的前提条件。

一、义务教育质量标准的内涵

(一)质量标准

标准是与其他事物互相区别的规则，是衡量某一事物或某项工作应该达到的水平、尺度和必须遵守的规定。我国国家标准 GB/T 3935.1-83 将"标准"定义为，"对不断重复的事物和概念制定的统一规定，它的基础是科学、技术和实践经验的综合，经过权威的协商一致及相关机构批准，作为共同遵守的准则和依据"。国际标准化组织(ISO)的标准化原理委员会(STACO)也对标准化的概念进行了研究，并将"标准"定义为"指南"。标准是以科学技术和实践经验的综合成果为基础，以获取最佳的秩序以及最佳的社会效益为目的，对重复性事物和概念所做的统一规定。根据相关标准实现标准化生产或建设，是实现科学管理的重要基础和手段。它能够有效提升管理效率。[1]

质量标准是产品生产、检验和评定质量的技术依据，是对产品结构、规格、质量所做的技术规定，完整的产品质量标准包括技术标准和管理标准两个方面。质量标准决定着产品的质量，对于一个产品来说，质量标准是其生产、检验和质量评定的重要依据。产品质量特性一般以定量的形式表示，例如强度、硬度、化学成分等。我国现行的质量标准，从标准的适用范围和领域来看，主要涵盖国际标准、国家标准、行业标准、企业标准等。同时，质量标准也是建立质量评估指标体系的依据和开展质量评估的根本遵循。

（二）义务教育质量标准

义务教育是国家统一实施的所有适龄儿童、少年必须接受的教育。义务教育在培育学生核心素养和培养合格国家公民方面具有至关重要的作用，其任务在于培养全体学生的基本素质，为他们学习做人和进一步接受专业（职业）教育打好基础，其价值诉求是着眼于未来的。义务教育是在一个人成长过程中拥有的具有特殊价值的教育阶段。制定和完善义务教育质量标准，保障每一个适龄儿童和少年都能机会均等地接受优质义务教育，是当前教育领域综合改革的目标之一。2010 年发布的《国家中长期教育改革和发展规划纲要（2010—2020 年）》中，就明确提出建立国家义务教育质量基本标准和监测制度，并把提高义务教育质量作为教育改革发展的核心任务之一。这标志着我国教育的发展历程是要实现从最初的规模扩张向内涵式发展的战略转型，是从保证实现公民受教育权的起点公平，到保障公民接受优质教育的过程公平的重大转变。2021 年，我国印发了《义务教育质量评价指南》，以指导义务教育质量评价的实践，并配套制定了县域义务教育质量评价、学校办学质量评价和学生发展质量评价指标体系，为全

---

[1]　聂强．我国动力煤质量标准研究[D]．北京：中国矿业大学，2016.

面深化义务教育教学改革、扭转不科学的教育评价导向、营建良好的教育生态奠定了坚实的基础。

当前，世界各国并没有与"教育质量标准"直接对应的词语，也没有对教育质量标准的概念和内涵作清晰的界定。在教育实践中，世界各国的教育质量标准在定位与内涵，在质量标准和其他已有标准的关系，以及标准的组织形式等方面也存有较大的差异。但自从 20 世纪 80 年代英国颁布《1988 年教育改革法》、美国兴起标准化运动开始，世界各发达国家纷纷开始了建立和完善学生学业质量标准的教育改革。这些国家相继修改教育标准，并从国家教育战略发展的角度提出学生应该具备的基本素质和应该达到的基本能力。[1] 教育质量标准关涉到教育教学领域的活动以及活动结果，是特定时期内为实现既定教育目标而制定的教育质量规范，其范畴涵盖人才培养质量标准(针对教学结果)、教学质量标准(针对教学过程)以及工作质量标准(针对教育者的工作和行为准则等)。[2] 教育质量标准对教育实践具有导向、诊断和评价作用，它是连接教育质量理论与教育实践的桥梁，决定着人才培养的模式和规格，也影响着教育事业发展的规模和速度，是关系新生一代健康成长和全体劳动者基本素质以及民族复兴的重大问题。由于现代教育系统体系繁复、内容繁杂，涉及要素众多，因此，在教育这个庞大的体系中，能够代表教育质量最核心的内容就是教育结果。对于义务教育阶段而言，义务教育的质量标准主要看学生在接受了义务教育后能够达到何种能力水平，是否具备进一步升学、步入社会参与就业的基本能力，是否培养了与今后发展有关的素养和能力，是否能够达到国家和社会的教育目标和教育期待等。

对于义务教育质量标准的探讨，应该关注城市义务教育和农村义务教育的异质性。城市和农村是两种相对应的聚落形式。在各自的发展历程

---

[1] 辛涛，姜宇. 在国际视域下定义教育质量标准[J]. 人民教育，2012(12)：2-6.

[2] 许芳，李化树. 基础教育质量标准及评价体系探讨[J]. 教育与教学研究，2011，25(3)：48-50.

中，城乡分别形成了各自的地方性文化，它们不但指导着城乡教育各自的实践活动，而且它们也通过教育实践活动得以传承。由于我国历史上形成的城乡二元结构，以及长期的以城市为中心的教育投入导向，导致农村义务教育投入不足，农村义务教育的质量也因此一直在努力追赶城市义务教育的质量。随着国家对教育事业的重视，农村义务教育在经费、校舍、师资等方面已经有了较大的改观，办学质量也有了较大幅度的提升，城乡义务教育的质量差距也日趋缩小。但是，城市义务教育有城市的特征，而农村义务教育有农村的特色。伴随着城乡教育一体化和义务教育均衡发展的不断推进，城市和农村应如何定位义务教育办学质量，是否应该用同一个质量标准统一城乡义务教育办学，就成为亟待探讨的课题。

二、义务教育质量标准的多维体系

义务教育质量标准涉及与教育活动相关的诸多方面，它引领和调控着城乡义务教育的办学实践。对于义务教育质量标准的阐释，不同的教育利益相关者会根据其对教育目的认识的不同，而提出不同的质量标准。但是，无论对义务教育质量标准的理解存在着多大的差别，从教育教学的实践活动来看，衡量义务教育质量的核心，应聚焦于义务教育目标的实现程度，而最终的落脚点则是学生素质的提高和学生的全面发展。[1] 综观现有义务教育质量标准的理论和实践，大体可以将义务教育质量标准的内容划分为以下几类。

(一)品德行为规范

品德行为体现着一个人的道德品质和修养境界。良好的品德是健全人格的根基，是合格国家公民的核心组成部分。义务教育阶段的儿童和少

---

[1] 中国教科院教育质量标准研究课题组. 教育质量国家标准及其制定[J]. 教育研究, 2013, 34(6)：4-16.

年，正处于良好品德建构的关键阶段，而品德行为建构的长期性、复杂性和反复性等特征，要求义务教育本身不断更新教育观念和教育方式。应大力加强道德教育，完善中华优秀传统文化教育，使少年、儿童逐步形成正确的世界观、人生观和价值观，使其在道德认知、道德情感、道德意志和道德实践能力等方面不断得到提升，以培养良好的行为习惯，培育优良的人格品质。

（二）身心发展水平

身心发展水平包括身体正常的发育、良好的体能、健康的体质，以及健康心理和健全的人格。处于儿童期的学生身心发展相对稳定，而处于少年期的学生则身心发展变化很大。引导儿童和青少年身心健康发展是义务教育的重要任务和实现立德树人的重要前提。义务教育学校应重视和加强体育课教学，积极引导学生参加课外锻炼，使学生身高、体重、肺活量和身体运动能力等达到《国家学生体质健康标准》（2014年修订）的相关要求。同时，应开展生理和心理健康教育，使学生掌握与年龄相符的生活常识和生活技能，培养情绪和行为的自我管理和自我调节能力，逐步养成健康文明的现代生活方式。

（三）学业质量标准

学业质量标准是对学生在完成各学段基础教育时，应该具备的基本素养，及其应该达到的具体水平的明确界定和描述。[1] 学业质量标准是义务教育质量标准的重要组成部分，首先包括知识的识记与理解，它是学生对各学科课程标准要求的基础知识的理解和基本技能的掌握运用情况；其次是批判性思维和创造性思维的养成，它建立在对知识掌握和理解的基础上，是学生独立思考能力、批判意识和创新意识养成的过程；最后是探究

---

[1] 杨向东. 基础教育学业质量标准的研制[J]. 全球教育展望，2012，41（5）：32-41.

能力和问题解决能力的培养，是学生运用知识处理和解决实际问题的过程。

（四）课业负担情况

课业负担是学生在学习过程中产生的一种身心体验，它与学生的学业质量有着密切的联系。减轻中小学生课业负担是义务教育阶段的重要任务，理想的状况是低负高效。即便一个学生通过较重的课业负担取得了较高的学业质量，那也很难说他所接受的教育有着较高的质量。学生学业负担情况是评价义务教育质量的重要内容，它包括学生用于上课、作业、睡眠等方面时间的构成情况，学生学习的有效程度以及学生的学业态度等维度。

（五）兴趣特长培养

义务教育实施的是素质教育，其目的在于培养学生的核心素养，使每个儿童、少年富有个性地发展自身，是义务教育的重要使命。接受义务教育的过程，既是满足儿童少年好奇心和求知欲，培养儿童少年兴趣特长，挖掘儿童潜能，逐渐明确自己发展方向的过程，同时也是使每个儿童、少年得到全面发展的过程。因此，儿童少年兴趣特长的养成，是评价义务教育质量的重要指标之一。

（六）与学生发展相关的教育教学管理

这一方面涉及的内容较多，比如学校基础设施建设、校园文化建设、和谐师生关系的构建、教师教育教学理念的更新、教学氛围的营造、教学资源的管理，以及课程改革、课程资源的开发与利用等，这些都是衡量义务教育质量的重要指标。

第二节

义务教育质量标准与地方性知识

义务教育质量标准多维体系的建立与地方性知识有千丝万缕的内在关联，地方性知识也是形成义务教育质量标准个性特征的重要来源。厘清义务教育质量标准与地方性知识的相互关系，有助于义务教育质量标准的特色凝练。

一、教育质量与地方性知识

地方性知识的概念产生于二十世纪六七十年代，它是后现代主义在对普遍主义知识观的批判与反思中提出的，是基于生存论的视角，对现代文明发展的根基与传统等，进行全方位的批判性反思的结果。虽然地方性知识提出的时间相对较晚，但是地方性知识的观念早已有之，而明确提出并实际开展地方性知识研究的学者，当属美国人类学家克利福德·格尔茨。[1] 1981 年，格尔茨在耶鲁大学法学院的讲座上，首次使用了"地方性知识"一词。1983 年，他以"地方性知识"为名，出版了一本标志性的、重要的阐释人类学论文集，使得地方性知识在除人类学以外的民俗学、社会学、哲学等诸多学科和领域中产生了广泛且持久的影响。[2] 广义上，地方性知识是生活在一定地域内的人群在长期的历史发展进程中，通过体力和脑力劳动创造出的，并不断发展和升华的物质和精神的全部成果和成就。它反映了一定地域的价值观念、社会风俗、宗教信仰、行为准则和生活方式等。而狭义的地方性知识则专指地方的精神文化。它是一种长期积

---

[1] 克利福德·格尔兹. 地方性知识[M]. 北京：中央编译出版社，2004：17.

[2] 孙杰远，乔晓华. 地方性知识的内涵、特征及其教育意蕴——读吉尔兹《地方性知识——阐释人类学论文集》[J]. 教育理论与实践，2021，41(13)：55-60.

淀和传承的精神财富，具有鲜明的地域特色、丰富的内涵以及独特的价值，生存在其中的每一个个体，总是与地方性知识有着天然的内在联系。[1]

地方性知识经常会被误读或引起争议，它通常被认为是"普遍性知识"的对立面。对此，克利福德·格尔茨指出"这种对立不是'地方性知识'与'普遍性知识'的对立，而是一种地方性知识(比如神经病学)与另一种地方性知识(比如民族志)的对立"[2]。地方性知识包括三个层次：其一，经验性知识，涉及对动植物的认知，以及利用它们的目的及方式；其二，知识的范式——理解，即对经验观察进行解释，并将其置于更大的情境中；其三，制度性知识，指知识镶嵌于社会制度之中。

地方性知识是特定人群在实践过程中积累下来的智慧，[3] 其所拥有的价值十分丰富，它既能够有效处理与不同生态环境关系的经验性知识，实现人与生态环境的和谐共处，又拥有一些可资其他区域社会借鉴的资源管理体系。因而，提倡加大对地方性知识的关注，不能只是简单地重新发现知识，关键是要把地方性知识加以传承和发扬。而地方性知识的传承和发扬依赖于教育这一基本途径，又指导着教育实践活动的开展。在人类社会发展进步的漫长历史进程中，不同区域已然形成了具有地方特色的社会文化。虽然这些文化因素不能完全决定教育的发展方向，但能在一定程度上影响人们对教育的认知与需求，进而产生具有地方特色的教育观念，从而形成教育质量认知上的地域差异。[4] 因此，无论人们如何看待教育质量，它都内在地蕴含着地方性知识。

---

[1] 安富海. 论地方性知识的价值[J]. 当代教育与文化，2010，2(2)：34-41.

[2] 克利福德·格尔茨. 烛幽之光：哲学问题的人类学省思[M]. 甘会斌，译. 上海：上海世纪出版集团，2013：124.

[3] 王雅丽. 地方性知识的教育价值——基于生存论视角[J]. 宜宾学院学报，2021，21(3)：102-108.

[4] 祝新宇. 基础教育质量保障：区域研究的视角[M]. 北京：教育科学出版社，2016：2-4.

二、义务教育质量标准内在地包含着地方性知识

教育的目的在于培养人，通过传递人类在发展进程中积累下来的丰厚文化，实现人的全面自由发展。同时，把教育置于文化视野中，从文化的起源、发展和变迁的过程可以看出，教育是人类文化延续的生命机制。它作为人类文化的一部分，其功能在于通过传播和传承文化，在使文化得以延续的同时，也使新生一代依照文化的价值取向，认同、接受和继承本民族的文化。地方性知识是生活在不同地域的人在生产生活中所创造的文化的有机组成部分，它包含着判别是非的标准、行为准则等一系列社会道德观念和价值标准。对个体而言，地方性知识除了促进个体认知发展外，还架起了生存与个体之间的桥梁，获得地方性知识的多寡是个体社会化程度高低的一个重要指标。地方性知识通过教育的途径，使年轻一代将其内化为自身知识体系，形成自己的价值观念。在特定的社会情景中，他们会根据所形成的内在价值准则，实现个体在文化和社会情境中认知、行为和情感体验的平衡和协调，从而更好地融入社会，实现自身的发展。

教育活动的有序开展，需要用地方性知识做指导，而地方性知识也得益于教育活动以实现传承和发展，两者互为依托，相得益彰。在整个国民教育体系中，义务教育位于基础部分，它是个体在生命早期所接受的教育，在个体发展成长历程中具有重大影响和重要意义。用地方性知识指导义务教育实践，在义务教育实践中重视地方性知识的融入和传播，将为个体获得充分发展提供更为广阔的空间。因此，义务教育质量标准应在一定程度上体现出地方性知识的价值，而用地方性知识指导制定的义务教育质量标准，也将使不同地域的义务教育拥有与众不同的教育质量，使其在不同的领域办出特色，各展所长。

第 三 节

城乡地方性知识差异与义务教育质量标准

农村是人类社会最初的形态，城市是由农村发展而来的，两者出现的时间不同，发展的道路也不同，在历史的进程中形成了各具特色的地方性知识，并由此形成了城乡义务教育质量标准差异化的基础。

一、农村的起源与发展

农村也称为乡村，是对以农业经济活动为基本内容的一类居民聚落的统称。农村是人类社会最初的形态，是自然经济的产物，是以从事农业生产为主的劳动者聚居的地方。起源于旧石器时代中期的原始部落，可以视为农村的雏形。到新石器时代，农业和畜牧业逐渐分离，以农业为主要生产方式的氏族开始定居下来，农村才真正出现。

从古至今，我国都是一个农业大国，农业也一直是国民经济的命脉所在。农兴则盛，农衰则乱，这是我国几千年的历史明鉴，以农治国的传统影响着我国社会发展的历史进程，由此也形成和丰富了我国历史上以农为本的传统思想。深厚的农耕文明孕育着厚重的农村文化。从某种意义上讲，农村文化就是传统文化的代表，它是人们在千百年来辛勤劳作中积淀而成的一种生活方式。它包括各种群众性的文化、体育、教育等活动，对社会群体的行为具有凝聚、整合、同化以及规范的功能。农村文化是形成农村人口对农村认同感和归属感、感召力和凝聚力的重要途径，它直接或间接地展现着农村的形象、传统特色和经济活力。习近平总书记强调，中国要强，农业必须强；中国要美，农村必须美；中国要富，农民必须富。[1] 虽然在历史上,农村曾经是贫穷落后偏远的代名词,但是我国在经历四十余年的改革开放后,尤其是随着新农村建设的深入推进和乡村振兴战略的全面实施,农村在解放农业生产力、释放发展活力、变革管理体制、改善农民生活等方面,取得了令人瞩目的成就。党的十九大报告提出的实施乡村振兴战略,描绘了乡村产业兴旺、生态宜居、乡风文明、治理有效、生活富裕的美好蓝图,成为新时代"三农"工作的总抓手。

二、城市的起源与发展

城市是与农村相对应的聚落形式,是人类活动的综合体,其原始含义为人类的一种定居状态。[2] 城市不是与生俱来的,而是人类社会发展到一定阶段、人类文明发展到一定阶段的产物。在西方语言中,"city"(城市)与"civilization"(文明)的词源都是拉丁文"civitas"。从这个意义上来说,城市的发展也就意味着文明的进步。从汉语语义上讲,城市是由"城"和"市"组成的,而"城"和"市"在最初有着不同的含义。"城"在古汉语中的含义是"城郭",内称城,外称郭,是指在一定地域上围起来用作防卫的城垣。《墨子·七患》中说:"城者,所以自守也。"《吴越春秋》云:"筑城以卫君,造郭以守民。"这些都表明"城"具有防御的含义。"市"指的是周围居民按照约定俗成的时间去交换彼此产品的场所。《孟子·公孙丑下》中说:"古之为市也,以其所有易其所无者,有司者治之耳。"《周易·系辞》中说:"日中为市,致天下之民,聚天下之货,交易而退,各得其所。"这里的"市"是指"中市",以一般消费者的购买为主。由此可以看出,"市"是古时候商品流通的中心,它总是与商业联系在一起的。正如马克思所指出的:商业依赖于城市的发展,而城市的发展也要以商业为条件。随着商品交换的日益频繁,在客观上就要求为商品交换提供一个安全、通达、便

---

[1] 大力实施乡村振兴战略(认真学习宣传贯彻党的十九大精神)[EB/OL]. http://politics.people.com.cn/n1/2017/1211/c1001-29697553.html.

[2] 李发富. 世界城市的文化特征与发展规律[J]. 北京规划建设, 2010(6): 58-60.

利、固定的场所，于是"城"和"市"相互结合，就产生了完整的"城市"。[1]

19 世纪初期，全球只有 2% 左右的人口居住在城市，到二战以后，城市人口迅速攀升到 29%，时至 21 世纪，这一比例已然超过 55%。[2] 现代城市是从先前具有交易和防御功能的场所演化而来，而城市起源的呈现模式，也因时空背景的不同而有较大的差异，如"防御说""集市说"和"社会分工说"等。纵观人类社会的演变历程，在农业社会，城市并不具有突出的生产功能，而是表现为一种初级的消费性，即开展初级的商品交换活动之地，城市更多呈现出农村附庸的状态。而始于 18 世纪的工业革命，彻底改变了城乡的地位和功能，使城市逐渐从边缘走向中心。伴随着城市化的进程，传统的"乡村社会"逐渐被现代的"城市社会"所代替，城市社会成为世界的主宰。随着时代的进步，城市的规模愈加庞大，功能也日益繁复，城市的要素、结构、层次与功能等都呈现出农村所不具备的复杂性和多样性。但城市也绝非简单的物质现象或人工构成物，它同时也是一种文化心理状态。时至今日，城市内涵丰富，城市的功能繁复，从古代单纯的防御交换功能发展到近代工业化之前的集行政、商业、宗教及行会功能于一体，再到工业化后的现代化、信息化，可以说，无论是从城市发展的历史角度来看，还是从人们关于城市的认识上来说，城市都是一个不断演进着的动态发展着的概念。随着城市的不断发展，城市与城市之间的内外联系也日益紧密，散布在一定区域内的城市也逐渐由分散走向集中，并由单体城市经演变、融合、重构而组成城市群。

三、地方性知识差异与城乡义务教育质量标准差异

地方性知识属于文化的范畴，而城市文化和农村文化存在着巨大的差

[1] 孙翠兰. 区域经济学教程[M]. 北京：北京大学出版社，2015：181-182.
[2] 杨华锋，刘祖云. 地方性知识：寻求城市消费型生态危机的治理之路[J]. 苏州大学学报(哲学社会科学版)，2011，32(3)：48-52.

异。农村是人类聚落的最早形式，其在生产生活中积累的丰富文化，呈现出与城市截然不同的文化景观。第一，地域差异较大。由于自然经济社会的长期存在，以及农村地区存在着天然的地理阻隔，农村文化在人民群众中各自存在和活动的地域之内产生、传承和发展，不同区域之间的农村文化也因自然的隔离而很难经常交流，这就使农村文化能在一定时空范围内独立发展，并形成各自独特的地域魅力。第二，农村文化在传承延续中向前发展，而较少地受到外来文化的冲击和影响。今天的文化，既是对昨天文化的传承，又是对昨天文化的发展。在农村文化发展演变的进程中，原有的文化观念具有相应的稳定性和延续性，传统的价值观念、思维方式、风俗习惯和行为准则等，都会世代相传，它浸润着人们的血脉，对后世的思维方式和行为习惯有着潜移默化的影响。第三，农村文化的季节周期明显。农村的农耕活动受到自然气候条件周期性变化的制约，由此形成的农村文化，必然与农业生产劳动的周期性密切相关，故而体现出季节周期性。第四，农村文化内容丰富多样。农村文化具有典型的区域性特征，因而不同地区的农村文化必然会具有较大的差异，这就形成了丰富多彩的农村文化内容。农村文化形式多样，异彩纷呈，既有秧歌、高跷、舞狮等传统文化项目，又有网吧、购物广场、夜市、溜冰场等现代文化项目；既有群体性参演活动，又有个人和家庭表演的项目。[1] 第五，情感联系功能突出。农村社会关系网络简单，呈现以"情感"为联系纽带的社会特征，群体的统一性主要通过成员间的直接交往来维系，重视温情脉脉的血缘情感与道德关系。

城市由农村聚落发展演变而来，作为传统的农业社会向现代工业社会转变的产物，城市拥有的地方性知识必然呈现出独有的文化内涵与特征。第一，城市文化以保护和尊重人的权利为核心。城市社会人口众多，他们是构成城市的社会主体，也是城市发展服务的对象。在城市中，"利益"是

---

[1] 马伟红，王丽丽. 新农村文化建设的特征及发展走向[J]. 理论学习，2009(8)：40-41.

人与人开展交往活动的黏合剂。城市社会通过利益交换把人们有机地"粘合"在一起。第二，现代城市重视培育现代公民。现代城市社会在社会结构上与农村社会有着很大的区别，平等的城市社会中所要塑造的是适应城市生活和节奏的公民。第三，城市社会重视法治，依法治理社会，用法律来调节社会关系是城市文化的特征之一。城市社会是存在着大规模社会分工和交换的复杂社会，传统的简单的人际关系已不足以维持城市的有序运转，因而相较于农村社会重视道德约束而言，城市社会更多讲求的是法治。第四，城市文化群体多元。城市社会规模庞大，这就必然导致城市群体的分层和社会功能的分化，由此形成了各种有着特定行为与规范体系的"同质性群体"，不同的群体有着不同的文化，而文化间的差异便奠定了城市文化多元性的基础。第五，城市文化具有开放性和包容性的特点。城市文化的开放性与包容性相辅相成，互相促进。城市社会开展大规模的市场经济活动，其社会关系是外向开放的。同时，外向开放的社会关系使得城市汇聚着来自不同地域、拥有不同价值观念以及宗教信仰的人群，这就意味着在城市主流文化之外，还融汇包容着各种不同的文化。[1]

　　由此可以看出，城市和农村有着不同的地方性知识，由此也呈现出不同的文化特征。以不同的地方性知识为指导的义务教育实践活动，也必然呈现出不同的质量特色，从而为城乡义务教育质量标准的差异创造了可能。

---

　　[1]　张雪筠."城市性"与现代城市文化特征[J].天津大学学报(社会科学版)，2005(3)：226-230.

第 四 节

城乡义务教育质量标准的定位与特色建设

地方性知识的差异使城乡义务教育质量标准的差异成为可能，但无论是城市义务教育还是农村义务教育，都必须达到国家统一的义务教育质量标准，在此前提条件下，方能实现各自的差异化和特色化发展。

一、城乡义务教育质量标准差异的合理定位

（一）以地方性知识为指导的城乡义务教育质量呈现多元标准

城市和农村拥有着不同的地方性知识，正视地方性知识的存在，承认地方性知识的独特价值，对于长期统治教育实践活动的一元化知识观，具有潜在的解构和颠覆作用。它不但证实了地方性知识对地方人群生存生活、地方儿童的成长和教育具有不可替代的价值，而且也对近代以来学校教育中存在的教育与生活、学校与社会相脱离的现象进行了很好的诠释。因为无论是逻辑还是事实，都充分地证明内涵地方性知识的学校教育能使教育与生活、学校与社会更好地相遇和相映，[1] 能够为儿童的成长成才提供更多的机会和更大的空间。承认地方性知识的差异性，有助于重新审视城乡义务教育质量的衡量标准，有助于革新城乡义务教育办学理念，从而为学生的全面发展和个性成长奠定良好的基础。

近年来，我国各省（区、市）也逐渐重视对义务教育质量内涵的探索，并陆续从不同的层面尝试建设具有地方特色的义务教育质量标准体系，如上海市提出的构建义务教育质量十个绿色评价指标体系，包含了学生学业水平和各相关影响因素，并设置了具体的衡量标准，有力地促进了义务教

---

[1]　安富海.地方性知识的教育意蕴[J].社会科学战线，2014(2)：210-214.

育教学质量评价改革。在课程建设方面，《重庆市义务教育学校教育质量标准(试行)》规定，执行国家和地方课程计划，允许有条件的学校积极探索课程内容。该文件提出开发校本课程，要求每天至少开设 1 节课程辅助活动课，确保学生参加课程辅助活动覆盖面达到 100%。这些地方性政策文件的出台，在一定程度上体现了各地在义务教育办学的过程中，对地方性知识的关照和对地方性知识价值的重视，从而为各地义务教育特色化办学划定了量化的标尺，为探索构建可测、可评的多样性教育质量指标体系奠定了良好的基础。总之，伴随着义务教育均衡发展的稳步推进，区域差异、城乡差异和校际差异在逐渐缩小，原本落后的农村义务教育面貌得到极大的改善。在这一历史阶段，城乡义务教育办学质量应积极探索，逐步形成各自的义务教育办学质量特色。

（二）多元质量标准应以达到国家统一的义务教育质量标准为前提

在当前义务教育事业发展的进程中，人民群众日益增长的对优质教育的需求与供给不足的矛盾依然比较突出。要最大限度地满足人民群众对于优质义务教育的需求，就要不断提高义务教育质量。提高质量的前提是要保证质量，而保证质量的前提则是要达到国家关于义务教育制定的统一的、具有公信力的质量标准。2013 年，教育部出台了《中小学教育质量综合评价指标框架(试行)》(以下简称《框架》)，虽然在社会上，尤其是教育领域对此存有一些争论或分歧，但是它的确是对《国家中长期教育改革和发展规划纲要(2010—2020 年)》提出的建立国家义务教育质量基本标准的积极探索，是应对新形势新挑战的必然选择。《框架》涵盖了学生品德发展水平、学业发展水平、身心发展水平、兴趣特长养成、学业负担状况等五个方面 20 个关键性指标，较为全面地涵盖了义务教育质量监测的观测点，体现了全面质量观，对于建立体现素质教育要求、以学生发展为核心、科学多元的中小学教育质量评价制度，具有较大的指导意义。2021 年出台的《义务教育质量评价指南》(以下简称《指南》)，围绕贯彻党的教育方针，以促进学生全面发展为目标，从县域、学校、学生三个层面建立了各有侧重且内在统一的、完整的义务教育质量评价体系，[1] 对于建立科学的义务教育质量评价观念，从根本上扭转单纯以升学率和分数评价学校和学生的不良倾向，无疑具有重大的实践意义。

《框架》《指南》是在国家层面制定的义务教育质量标准，体现出义务教育质量标准的国家意志，是全国范围内所有的义务教育都必须要达到的最低标准。其目的是在全国范围内建立统一的教育质量观，建立统一的义务教育质量评价标准，保证义务教育达到最基本的教育质量。全国统一的义务教育质量标准，是不同区域制定的具有区域特色的义务教育质量标准的依据和基础，是义务教育质量事业发展不可逾越的底线，它既体现了义务教育质量的内在品质与固有特性，又反映了在特定时期国家与社会对义务教育最基本的质量要求。因而，无论是对城市义务教育，还是对农村义务教育，达到国家对义务教育质量的基本要求，应是城乡义务教育学校首先要保证的，唯有达到国家统一的义务教育质量标准，才能进一步追求义务教育质量标准的多样化。总之，义务教育质量标准既有统一性又有多样性，如果过分强调义务教育质量标准的多样性而忽视了必要的统一性，那么无疑就有随意性的嫌疑，就会使义务教育质量失去应有的"底线"。因此，城乡义务教育质量标准的建立，应是在确保达到国家统一的质量的基础上，追求标准的多样性。

二、城乡义务教育质量标准特色建设策略

（一）将地方性知识纳入地方课程体系之中

我国于 2001 年启动了新一轮基础教育课程改革。为改变以往对课程管

---

[1] 《义务教育质量评价指南》印发［EB/OL］. http：//www.gov.cn/zhengce/2021－03/19/content_ 5593818. htm.

理过于集中的问题，我国实行了国家、地方、学校三级课程管理体制，并明确了各级管理主体的课程管理职责。三级课程管理体制的施行，在保障了国家对基础教育课程管理的同时，也确立了地方课程所具有的相对独立的地位，拓展了基础教育领域中课程的内涵。地方课程地位的确立，不但是对地方性知识的确认，同时也极大地提升了地方性知识价值。而地方性知识不仅为地方课程的建设提供了全新的理论视角，同时也规定了地方课程的特质和边界。[1] 首先，地方课程是试图为当地人提供能够呈现地方性知识的课程，它致力于将学生的目光引向生活，引向实践，引向未来的发展。其次，地方课程的基本形态是综合性的。在学科式的知识体系以外，还存在着各种各样的未得到学科确认的地方性知识，它体现着往复无穷的生命观念，散发着地方文化特有的乡土气息。最后，地方课程以实践性活动中的鲜活材料为基本呈现形态，它不是用单一的文本教材来呈现，更不是用教材的话语来叙述。以地方性知识观为指导，进行知识的甄别与选择，是开发地方课程的重要途径，有助于建构真正意义上的地方课程，推动学校课程体系朝弹性化和特色化方向发展。

（二）加强教师的地方性知识培训

教师是人类最古老的职业之一，是年轻一代的培育者，是履行教育教学职责的专业技术人员，承担着教书育人的重要使命。要成为一名合格的教师，应具备四种知识。首先是相应学科的知识。作为一种专门的职业，教师首先要具备所教授学科的专门知识。其次是教育科学知识。教学既是一门学问，又是一门艺术，即便是拥有深厚的专业知识，也未必能有效开展教学。将自身所掌握的学科知识快速高效地传授给学生，进而引导学生积极主动地建构知识体系，离不开相应的教育科学知识作指导。再次是开展教育教学的实践性知识，它是教师个体在经验与反思的基础上形成的具

---

[1]　成尚荣. 地方性知识视域中的地方课程开发[J]. 课程·教材·教法，2007(9)：3-8.

有教师个人独特气质的知识。实践性知识的丰富程度在一定程度上体现着教师掌控教育教学过程的能力。最后是地方性知识。地方性知识是生活在一个地域的人们在长期的生产劳作中，积淀下来的经过检验的经验与智慧的知识，具有浓厚的本土色彩和气息。是否具备地方性知识，关涉到教师能否顺利融入教育教学活动，能否有效提高教学质量以及快速实现自身的专业发展。因而，要加强教师的地方性知识培训，可将地方性知识纳入职前教师教育课程体系和教师职后继续教育之中。在职前教师教育课程体系方面，由于师范生大多是在城市中求学和实习，比较了解城市的工作和生活，因而可以通过加强乡村学校实践基地建设增加他们对乡村的认知和体验，拓展他们关于乡村的眼界和见识，从而为积累适应乡村学校的地方性知识做准备。在职后继续教育方面，应充分考虑城乡教师专业发展的独特性，在培训内容中增加更多地方性知识。

（三）促进城乡义务教育地方性知识的交流

城市由农村发展演变而来，同时也是与农村相对应的聚落形式。在特定社会背景和历史实践中，城市和农村都各自沉淀、积累、传承与发展着各自的地方性知识，它是由居住生活在城市和农村的群体创造的，蕴含着各自的生态智慧与生存技能。教育是文化的生命机制，是文化得以选择、传播和创造的载体，同时，文化的吐故纳新与成长发展也必须要从教育中获得生命的搏动。由于城市和乡村功能上的差异，导致两者在物质文化、制度文化、观念文化、行为文化等诸多领域的文化特征存有较大的差异，而这种差异也必将通过各自教育不断的积累和传承而得以延续。城乡义务教育是拥有不同文化特质的教育，城市义务教育有城市文化的特征，而农村义务教育也有乡土文化的特色。随着时代的变迁和社会的变革，城乡义务教育相互接触、相互交流、相互沟通、相互碰撞的概率显著增大，城乡义务教育相互吸收、相互渗透融合发展的趋势愈发明显。在这个过程中，城乡义务教育之间的冲突难以避免，但也并非不可调和，不应以一方的教育质量标准统摄城乡义务教育，而应在相互碰撞的过程中实现城乡义务教育的交流和融合，通过实现各取所需和取长补短，以在加强自身义务教育办学质量的同时，不断强化自身的质量特色。[1]

---

[1]　王明露. 城乡义务教育质量标准差异研究——基于地方性知识的视角[J]. 教师教育学报，2018, 5(2)：45-52.

第 五 章

质量均衡：农村义务教育高质量发展的行动指向

　　义务教育优质均衡是追求教育质量的高位均衡，教育质量均衡是教育均衡发展的高位阶段。[1] 在建设教育强国的时代背景下，着力提高农村义务教育办学质量是办好人民满意教育的内在要求，而实现质量均衡是农村义务教育融入教育新发展格局的行动指向。

第 一 节

义务教育质量均衡与相对弱势区域发展

　　在我国社会改革发展的进程中，城市居于中心和主导地位，农村处于边缘和从属地位。农村地区属于社会经济发展相对滞后的地区，同时，农村地区也属于相对弱势区域。义务教育质量均衡与农村地区的发展相互制约又相辅相成。

一、区域社会的相对弱势制约义务教育质量均衡

　　1986 年，我国明确提出实行九年义务教育制度。至 2011 年，全国 31个省（自治区、直辖市）和新疆生产建设兵团全面普及了九年义务教育。[2]但是，在深化义务教育事业改革和发展的进程中，由于历史和政策原因，区域之间、城乡之间和学校之间的教育质量还存有较为明显的差距，人民群众对于优质义务教育资源的迫切需求与义务教育发展不均衡的矛盾还较为突出。因此，在基本解决了"上学难"的问题之后，如何确保基础性教育资源配置逐步趋于均衡，有效满足人民群众"上好学"的迫切愿望，就成为新常态下义务教育事业改革和发展的工作重点。2002 年，《关于加强基础

───────────────

　　[1] 赵丹，陈遇春，Bilal Barakat. 基于空间公正的县域义务教育质量均衡评估指标体系构建[J]. 教育与经济，2018(2)：27-34.

　　[2] 袁贵仁. 推动教育事业科学发展 努力办好人民满意的教育[N]. 光明日报，2012-9-21.

教育办学管理若干问题的通知》在基本普及九年义务教育的基础上，首次提出积极推进义务教育阶段学校均衡发展。义务教育均衡发展理念的提出，内在地蕴含着对义务教育质量均衡的要求与期待。推动义务教育质量均衡发展，既是对推进义务教育健康、协调、可持续发展的价值引领，又是我国义务教育全面提高普及水平、全面提高教育质量的价值诉求。

2012 年，国务院在发布的《关于深入推进义务教育均衡发展的意见》中，提出加强省级政府统筹，强化以县为主的管理，努力缩小区域差距。该文件还提出，到 2020 年，全国义务教育巩固率达到 95%，实现基本均衡的县(市、区)比例达到 95%。这与《国家中长期教育改革和发展规划纲要(2010—2020 年)》中关于义务教育均衡发展的相关政策目标一脉相承。在推进义务教育质量均衡发展的实践中，区域通常是指"县域内"，这与我国义务教育"以县为主"的管理体制相契合，同时也是我国成功推进义务教育区域内均衡发展的成功经验之一。[1] 随着县域均衡政策的全面铺开，义务教育发展中的城乡差距和校际差距已明显缩小，城乡差距和校际差距问题的严重性正日趋消解。但是，义务教育发展中的区域差距问题依然比较严重，且伴随着城乡差距和校际差距的逐渐退隐而愈发凸显。区域差距大体表现在县际差距和省际差距两个层面，[2] 即便是在同一个省份，由于县域间政府财政投入差距的拉大，县域间办学条件失衡、县域间师资配置不均等矛盾也日益凸显出来。故而，当义务教育均衡发展达到一定阶段和水平时，超越县域间的均衡，着眼于更大区域，乃至实现省域间的均衡，便成了一个亟待破解的新课题。而要破解这一课题，就必须给予相对弱势区域义务教育均衡发展足够的重视，因为相对弱势区域的义务教育发展相对滞后，即便是实现了均衡发展，那也是相对低水平的均衡。超越县

[1] 严伯霓.省域均衡——推进义务教育均衡发展的新视角[J].当代教育论坛(综合研究)，2011(10)：96-97.
[2] 吴康宁.及早谋划省域义务教育基本均衡发展的国家战略[J].教育研究与实验，2015(2)：1-6.

域间的义务教育均衡，就是要改善相对弱势地区低水平的义务教育均衡现状，缩小不同区域义务教育办学质量的发展差距。

二、义务教育优质均衡是相对弱势区域谋求可持续发展的内生动力

弱势区域是指经济、社会、文化、科技等诸方面发展均相对落后的区域，其形成是由自然地理、体制政策、文化历史等诸多方面原因所致。弱势区域是一个相对概念，它与优势区域相对应，包括绝对弱势区域和相对弱势区域。从静态上看，绝对弱势区域是区域内各主要国民经济指标在较长的时期内明显落后于其他地区的区域；相对弱势区域是区域内各主要国民经济指标在近期内虽有较快的发展或者曾经有较快发展，但开发仍然不够充分，离资源的有效合理开发利用还存有较大差距的区域。从区域社会动态发展的角度来看，相对弱势区域是始终存在的，而绝对弱势区域只存在于理论上，因为任何一个区域都拥有其独特的区域优势，关键就在于如何把握并充分发挥其优势以实现发展。一方面，相对弱势区域由于拥有某些特殊的有利条件和生产要素，使它可以拥有比其他区域更大的发展优势；另一方面，由于某些资源要素的局限性，其生产要素的吸纳、聚集和整合难以有效实现，故而与周边强势区域相比较而言其经济活力较弱。[1]在我国，相对弱势区域通常是指革命老区、少数民族地区、边疆地区、山区、库区、牧区和边远地区等，或者是有多种不利因素叠加的地区。要实现相对弱势区域的开发，在短期内可以依托产业发展，而要实现相对弱势区域的长远发展和可持续发展，就必须要以教育为依托，不断开发和积累相对弱势区域的人力资本，从而为相对弱势区域的发展提供充足的人才资源和智力支持。

义务教育的实质，是国家对适龄儿童和青少年实施的一定年限的强制

---

[1] 舒展. 经济全球化对相对弱势区域发展模式的启示[J]. 福州大学学报(哲学社会科学版)，2005(4)：23-26.

教育的制度。义务教育在个体早期的成长发展和心性养成中具有独特的价值。从教育的产品属性来看，教育是一种准公共产品，它具有一定的非排他性和一定的消费竞争性，同时具有较大的外部收益。教育产品的外部正效益体现为：第一，人类积累下来的优秀文明成果，将通过教育得到更好的保存和发展；第二，人们的法律知识和法治意识会随着教育程度的提高而不断完善，道德修养也随之不断提升，人们犯罪的概率会降低，由此促使社会治理成本降低；第三，教育能够总结和发展人类知识，开发人力资本，激发人类无穷的创造力。虽然不同阶段的教育产品都有正外部效益，但其外部效益却不尽相同。义务教育是在人生发展过程中一个具有特殊价值的重要阶段，其外部效益要远比其他阶段教育的外部效益更高。1993年，世界银行使用精确法，测算了不同教育阶段的教育投资收益率，结果显示不同阶段教育的私人收益率和社会收益率存在较为显著的差异。在所有教育的投资收益中，初等教育在这两个方面的收益率都是最高的，个人在初等教育上每多支出 100 元必要费用，今后每年可多得 29.1 元的收入，投资回报率大大高于实物投资（在我国，实物投资的回报率大体上在 10%左右）；而社会多投入 100 元用于初等教育，每年可得（或节约）18.4元。[1] 因此，大力推动义务教育质量均衡发展，确保每一个适龄儿童和少年都能机会均等地接受优质义务教育，无论是对于增强相对弱势区域经济社会的改革发展活力，还是对改善生活在相对弱势区域人口的生活状况和精神面貌，都具有根本性和基础性作用。[2]

---

［1］　马国贤. 中国义务教育资金转移支付制度研究［J］. 财经研究，2002(6)：46-52.
　　［2］　王明露，杨朝林. 相对弱势区域义务教育均衡发展的实证研究——基于武陵山片区八县市小学阶段的比较［J］. 南昌师范学院学报，2018，39(3)：123-128.

第 二 节

义务教育优质均衡的县域差异

2021 年是我国义务教育事业发展中具有重要里程碑意义的一年，全国 2895 个县都实现了县域义务教育基本均衡发展。虽然所有的县均实现了县域义务教育基本均衡，但是县域间义务教育发展的差异格局使得义务教育质量存在较大的差距，这在很大程度上导致了县域间农村义务教育办学质量的不均衡，由此制约着义务教育优质均衡发展。

一、优质均衡的目的在于质量均衡

我国县域义务教育基本均衡发展国家督导评估认定工作的有序开展，推动全国所有的县都实现了县域义务教育基本均衡发展，义务教育基本办学条件已经达标。但是，县域义务教育均衡发展仍面临一些挑战，尤其是城乡之间、学校之间在教育管理理念、教学质量等方面差距较大，在经费投入、师资配置等方面仍然参差不齐，择校热、师资流动等问题依然较为突出，均衡发展水平与办学环境、特色发展、质量提高以及活力提升等还有较大差距，[1] 人民群众对于优质义务教育资源的迫切需要未能够得到充分有效的满足。2019 年，《中国教育现代化 2035》明确提出在实现县域内义务教育基本均衡基础上，进一步推进优质均衡。

均衡发展包括基本均衡和优质均衡两个不同的层次，基本均衡是优质均衡发展的基础，义务教育优质均衡是基本均衡的发展方向和高级阶段。基本均衡重在八项办学条件的均衡，优质均衡注重教育质量的均衡，[2]

[1] 张茂聪，刘信阳. 县域义务教育优质均衡发展：基于内发展理论的构想[J]. 教育研究，2015，36(12)：67-72.

[2] 吴建涛. 我国县域义务教育优质均衡发展的主要困难与对策研究[J]. 教育科学，2019，35(6)：75-82.

是在教育资源充沛的情况下，通过内涵式的发展，以提升教育质量为目标，在做到面向全体学生的同时，也能充分顾及个体间的差异，从而满足学生自主、和谐、有个性和可持续发展的需要。"指标合格，人民群众不满意，这不是真合格，只有指标和人民群众满意度'双合格'，才是真正的优质均衡。"[1]为了有效解决适龄儿童、少年日益增长的对优质义务教育资源的需要与义务教育发展不平衡不充分的发展之间的矛盾，满足适龄儿童、少年对优质义务教育资源的诉求，我国于2019年启动了县域义务教育优质均衡发展督导评估认定工作，这与我国义务教育"以县为主"的教育管理体制相契合。县域义务教育优质均衡发展督导评估认定工作的开展，是巩固义务教育基本均衡发展成果，推进义务教育均衡发展向更高水平、更高质量迈进，实现义务教育由量的扩展到质的提高的历史性转变的重要举措。[2]基于此，笔者在对罗霄山片区G市五个县义务教育均衡发展的差异进行比较的基础上，探讨了义务教育实现基本均衡后向优质均衡发展过程中存在的问题，并据此提出相关建议。

二、罗霄山片区 G 市五县义务教育优质均衡发展的差异

（一）样本基本情况

罗霄山片区是全国14个集中连片特殊困难地区之一，该片区跨江西、湖南两省24个县（市、区）。罗霄山片区的大部分县属于井冈山革命根据地和原中央苏区范围，是著名的革命老区。该区地处罗霄山脉中南段及其与南岭、武夷山连接地区。2012年，国务院批复了《罗霄山片区区域发展与扶贫攻坚规划（2011—2020年）》，罗霄山片区成为国家新一轮扶贫开发

---

[1]　全国县域义务教育优质均衡发展督导评估认定工作启动[N].中国青年报，2019-10-15.

[2]　王明露.教育公平视域下农村义务教育质量保障问题研究——基于罗霄山片区S民族小学的调查[J].教育导刊，2018（9）：44-49.

攻坚战主战场之一。近年来，罗霄山片区减贫成效显著，农村贫困人口减少到 2019 年的 3.1 万人，贫困发生率下降到 2019 年的 0.31%。[1] 现如今，罗霄山片区所有县市已全部脱贫。G 市是原中央苏区所在地，该市区位优势明显，位于珠江三角洲和闽东南三角区的腹地，地形以山地、丘陵为主。2021 年，全年地区生产总值 4169.37 亿元，比上年增长 9.1%，全年一般公共预算收入 294.07 亿元，比上年增长 2.9%，教育支出达 218.15 亿元。2021 年末全市户籍总人口为 984.02 万人，其中乡村人口 656.81 万人。全市人口以汉族为主，有畲族、回族、苗族、壮族等 41 个少数民族。

根据 2021 年教育统计数据，G 市共有各级各类学校 7031 所(含教学点 1505 个)，在校生 217.38 万人，专任教师 13.54 万人。在义务教育阶段，有学校 3470 所，其中，小学 3036 所。全市义务教育阶段在校生共计 128.59 万人，其中，小学在校生 82.07 万人。义务教育阶段专任教师有 8.33 万人，其中，小学专任教师 5.16 万人。G 市九年义务教育巩固率 99.74%。根据研究需要，笔者选取 G 市的五个县(分别用 A、B、C、D、E 表示)作为研究样本，五个县均通过了国家义务教育均衡验收，实现了义务教育发展基本均衡。

(二)G 市五县义务教育均衡发展的差异[2]

1. 基础设施

根据国家教育督导检查组对某省义务教育均衡发展督导检查反馈意见，五个县义务教育在基础设施方面存在一定的差异，如表 5-1 所示。在县域内，个别县小学或初中的基础设施差异系数较大。《县域义务教育优质均衡发展督导评估办法》(以下简称《办法》)中规定小学、初中生均教学及辅助用房面积应分别达到 4.5 m² 和 5.8 m² 以上，小学、初中生均体育

---

[1] 民政部召开电视电话会议 全力推进罗霄山片区区域发展与脱贫攻坚[EB/OL]. https://www.mca.gov.cn/article/xw/mzyw/202004/20200400027027.shtml.

[2] 本部分数据为 2018 年数据。

运动场馆面积应分别达到 7.5 m² 和 10.2 m² 以上，各指标的校际差异系数，小学均小于或等于 0.50，初中均小于或等于 0.45。因此五个县离优质均衡还存在一定的差距。

表 5-1　五个县基础设施差异情况

| | 生均教学及辅助用房面积/m² | | | | 生均体育运动场馆面积/m² | | | |
| | 小学 | | 初中 | | 小学 | | 初中 | |
	全县均值	差异系数	全县均值	差异系数	全县均值	差异系数	全县均值	差异系数
A	4.17	0.312	4.24	0.258	7.07	0.332	9.17	0.296
B	2.8	0.446	3.88	0.327	7.06	0.764	11.73	0.299
C	3.33	0.483	4.64	0.726	8.52	0.665	9.30	0.476
D	3.98	0.399	5.07	0.241	8.57	0.597	10.51	0.305
E	3.50	0.462	4.29	0.397	6.67	0.359	11.94	0.834

2. 办学条件

由表 5-2 可知，五个县的办学条件不一，县域间办学条件还存在较大的差距。例如，在生均教学仪器设备方面，A 县小学生均教学仪器设备值是 910 元，D 县小学生均教学仪器设备值是 2069 元。根据《办法》的相关标准，五个县离小学、初中的生均教学仪器设备标准值 2000 元和 2500 元，离小学和初中的差异系数分别小于或等于 0.50 和 0.45 的要求还存有差距。

表 5-2　五个县办学条件情况

| | 生均教学仪器设备/元 | | | | 每百名学生教学用计算机数/台 | | | | 生均图书数/册 | | | |
| | 小学 | | 初中 | | 小学 | | 初中 | | 小学 | | 初中 | |
	全县均值	差异系数	全县均值	差异系数	全县均值	差异系数	全县均值	差异系数	全县均值	差异系数	全县均值	差异系数
A	910	0.250	1131	0.248	3.52	0.353	5.87	0.231	17.31	0.153	25.40	0.102
B	1805	0.289	1941	0.086	4.97	0.388	7.93	0.229	17.56	0.200	28.29	0.165
C	1215	0.459	1548	0.441	6.61	0.676	7.79	0.324	19.27	0.280	26.55	0.134
D	2069	0.245	1572	0.065	5.36	0.610	7.44	0.098	16.82	0.184	26.89	0.066
E	1193	0.613	1208	0.445	5.98	0.378	7.23	0.159	17.95	0.222	29.62	0.216

3. 师资队伍

如表 5-3 所示，五个县在师生比、生均高于规定学历教师数、生均中级及以上专任教师数的全县均值方面较为接近，但在生均中级及以上专任教师数方面，差异系数相对偏高。根据《办法》的相关标准，小学、初中每百名学生拥有高于规定学历教师数应分别达到 4.2 人和 5.3 人以上，小学、初中每百名学生拥有县级以上骨干教师数应达到 1 人以上，小学、初中每百名学生拥有体育、艺术(美术、音乐)专任教师数应达到 0.9 人以上，且小学和初中的差异系数应分别小于或等于 0.50 和 0.45。五个县还有较大的努力空间。

表 5-3　五个县师资队伍情况

	师生比				生均高于规定学历教师数				生均中级及以上专任教师数			
	小学		初中		小学		初中		小学		初中	
	全县均值	差异系数	全县均值	差异系数	全县均值	差异系数	全县均值	差异系数	全县均值	差异系数	全县均值	差异系数
A	0.048	0.292	0.048	0.161	0.044	0.251	0.038	0.167	0.017	0.690	0.028	0.432
B	0.051	0.192	0.061	0.227	0.048	0.201	0.050	0.209	0.022	0.531	0.029	0.628
C	0.054	0.342	0.057	0.029	0.049	0.265	0.044	0.146	0.026	0.563	0.036	0.214
D	0.051	0.153	0.066	0.374	0.051	0.153	0.045	0.349	0.030	0.374	0.037	0.272
E	0.057	0.304	0.059	0.217	0.052	0.255	0.044	0.143	0.028	0.425	0.033	0.485

三、县域义务教育优质均衡发展的困境

(一)城镇化进程加速加剧农村学校"空心化"

加速推进城镇化进程是我国加快实现现代化的必由之路。自改革开放

以来，我国城镇化综合水平不断提高，[1] 至 2017 年末，我国城镇常住人口 81347 万人，城镇人口占总人口比重(城镇化率)为 58.52%。[2] 至 2021 年末，我国城镇常住人口达到 91425 万人，常住人口城镇化率为 64.72%，比 2020 年末提高 0.83 个百分点。[3] 而与我国城镇化进程几乎同步的是，我国广大农村地区义务教育学校呈现"空心化"的发展态势。农村学校的"空心化"一方面表现为农村教师招聘难、教师人才流失严重。由于城乡教育发展水平的差距，尤其是城乡学校在生活条件、工作条件等方面存在较大的差距，农村教师下不去、留不住、教不好的问题，一直是我国农村教育改革与发展进程中的一个现实问题。另一方面，农村学校的"空心化"还体现为农村生源的萎缩和流失。由于城镇化进程的加速，大量的农村人口迁移到城市，同时由于农村人口生育观念的改变，自然导致乡村生源规模的萎缩。除此之外，在历史上形成的"重城轻乡"的二元体制，导致我国基础教育领域呈现出城镇强农村弱的格局，出于对城市优质教育资源的追求，部分农村劳动力携带子女进城务工，也加剧了农村学校生源的流失。因此，在缺师资、少生源的背景下，农村学校发展乏力，教师工作的积极性受挫，农村学校办学困难重重，教育质量难以得到有效的保障。

(二)经费投入不足制约教育优质均衡发展

教育经费投入是否充足，是影响教育发展的重要因素之一，教育均衡发展的核心内容和重要基础便是教育经费投入均衡。从 2001 年起，我国实行了"以县为主"的教育管理体制，县级政府成为基础教育财政支出的主

---

[1] 李向前，刘洪，黄莉，王俊男. 我国城镇化模式与演进路径研究[J]. 华东经济管理，2019，33(11)：172-177.

[2] 陈炜伟. 我国城镇化率升至 58.52%[J]. 农村·农业·农民(A 版)，2018(3)：8.

[3] 2021 年末我国常住人口城镇化率为 64.72%[EB/OL]. https：//m. gmw. cn/2022-02/01/content_ 1302786981. htm.

体，由此实现了从"人民教育人民办"向"人民教育政府办"的历史性转变。[1] 但是由于县级政府财力有限，且"以县为主"的教育财政投入体制较为单一。2005 年，我国开始实施"新机制"改革，推行"两免一补"政策，将农村义务教育经费纳入公共财政保障范围，构建中央与地方共同分担的农村义务教育经费保障新机制。[2] 在当前的教育财政投入体制下，教育投入实行以财政拨款为主、其他渠道筹措教育经费为辅的体制。[3] 县级政府是基础教育公共支出的主要承担者，[4] 负责筹集和拨付县域内的教育经费。因而，县域社会经济的发展状况就直接决定和影响着县域内义务教育的发展水平。由于县域间的社会经济发展水平存在差异，由此也导致了各县对义务教育投入的差异。例如，在 2017 年，C 县的财政总收入是114400 万元，教育支出是 57891 万元；D 县的财政总收入是 131629 万元，教育支出是 76300 万元。由于县级财政收入的差异，导致教育投入能力的差异由此可见一斑。

（三）城乡义务教育一体化进程困难较大

2010 年，我国在《国家中长期教育改革和发展规划纲要（2010—2020年）》中，首次明确提出加快缩小城乡差距，建立城乡一体化义务教育发展机制。推进城乡义务教育一体化，构建城乡义务教育共同体，是突破区域内部教育壁垒、促进城乡教育融合发展、优化城乡教育资源配置、缩小城乡教育差距、推动城乡教育优势互补和协调共生的重要战略举措。但是在实施的过程中，也遇到不少的问题。一是农村教育资源配置不足，农村教

[1] 罗湖平. 中国农村义务教育经费投入体制的理性回归之路——基于公共产品理论的视角分析[J]. 武汉科技大学学报（社会科学版），2010，12（2）：68-71，100.
[2] 黄斌，郝秀宁，董云霞. "以县为主"和"新机制"改革是否改善了县域间教育财政支出差异[J]. 教育与经济，2013（6）：3-10，15.
[3] 姚孝贤. 对县级财政教育投入的几点思考[J]. 西部财会，2014（2）：14-16.
[4] 李世刚，尹恒. 县级基础教育财政支出的外部性分析——兼论"以县为主"体制的有效性[J]. 中国社会科学，2012（11）：83.

育发展存在着优质资源客观上总量不足、配置结构不平衡、供给主体来源相对单一、难以与人民群众多元化的需求适应的问题。[1] 二是开放的城乡义务教育一体化制度体系尚未完全建立。原先的城乡二元结构对当今教育发展的影响依然清晰可见，影响教育改革发展的外部户籍制度、财政制度和问责制度，以及内部管理体制、运行机制和评价制度等还需进一步完善。三是教育资源单向流动倾向明显，城乡教育整合存在困难。一方面，教育资源存在单向流动的问题，呈现为城市地区丰富优质的教育资源单向流入教育发展相对落后的农村地区，城乡之间平等的教育对话交流局面未能形成。另一方面，城乡教师交流机制不畅，城市教师参与交流的意愿较低，甚至部分城市教师认为自己教学成效好，反而被"惩罚"到工作生活条件较差的农村学校交流，因而不愿意参与流动。

四、县域义务教育优质均衡发展的建议

（一）激发农村学校的内生发展动力

农村学校是广大村民家门口的学校，办好每一所农村学校，让每一个学生在家门口就能享受满意的、高质量的教育资源，应该是农村学校谋求发展的重要办学定位。近年来，农村学校通过模仿城市教育的办学模式，借鉴城市学校的办学思路，实现了快速发展。究其根源，农村学校是在利用后发优势实现快速发展，农村学校通过学习和模仿城市学校，可以少走弯路，降低探索的成本，避免改革的风险。但是在模仿的过程中，农村学校未能充分挖掘和利用乡土文化资源，只能亦步亦趋，只能作为一个跟随者，而不能走出农村教育发展的独特道路。因而，站在历史的、现实的和未来的角度，重新定义农村教育的内涵与外延，实现农村教育理论的创

---

[1] 赵姗. 城乡教育一体化深度融合需要教育资源均衡配置——访首都师范大学教育学院副院长张爽[N]. 中国经济时报，2019-5-30.

新，重拾农村教育发展的道路自信就显得格外重要。农村学校在学习和模仿城市学校的同时，应立足和依托于当地的山水和人文，充分挖掘和利用当地文化资源，将其办学特色的生命力根植于乡土文化的肥沃土壤。乡土文化中包含大量的民间传说、历史故事、传奇人物、名胜古迹等等，[1]这是激发农村学校的内生发展动力，也是实现农村学校小而优、小而精、小而特、小而美的重要路径。

（二）确立教育经费投入的法治保障

教育经费投入是一个国家以货币化的形式为教育事业改革发展所提供的物质保障，充足的教育经费投入是教育体系有序运行的物质基础。推进教育经费立法，确立教育经费的法律保障，既是有效解决教育投入不足，确保教育投入不断增长的迫切需要，又是落实"科教兴国"战略，有效规范投资主体与投资行为的现实诉求。实现教育经费立法，确立教育经费投入的法治保障，有利于规范教育行政行为，约束和制裁不法行为，从而为教育改革发展创立相对宽松的发展环境。在县域义务教育基本均衡的背景下，要推进义务教育从基本均衡向优质均衡发展，应加大教育经费投入力度。同时，在法律层面，推进教育经费的立法进程，除了保障教育经费的筹措渠道畅通外，建立起对教育经费的分配、管理和使用的法律保障，是确保教育经费投入充足，教育经费管理规范，教育经费使用高效，确保教育经费财尽其用、物尽其功的必要条件。同时，确立教育经费投入的法律保障，是对依法治国和依法治教的重要体现，可有效规避教育投入波动不定以及教育投入责任转嫁的问题。

（三）推进城乡义务教育一体化的制度与改革协同创新

推进城乡义务教育一体化的制度与改革协同创新，是实现以城带乡，

---

[1]　丁步洲. 农村学校校本课程应体现乡土化特色[J]. 中小学教师培训，2011(7)：34-37.

城乡教育融合发展，整体设计城乡教育一体化发展机制的重要思路。首先应通过制度创新完善城乡义务教育一体化的顶层设计。顶层设计旨在为从无序走向有序而创建或变革某一项制度。[1] 顶层设计必然是要以合理的制度建设为依托，如果一项制度未能有效实现社会整合，良好的顶层设计就无从谈起。制度的创新优化之处，正是改革有所作为的领域。城乡义务教育一体化的顶层设计与制度建设密不可分，而城乡义务教育改革的过程也是制度创新与优化的过程。城乡义务教育一体化改革越是纵深推进，顶层设计的意义越是日益凸显，而制度创新是完善城乡义务教育一体化顶层设计的重中之重。实现制度与改革协同创新，是统筹推进城乡义务教育一体化的重要思路。在推动城乡义务教育一体化的制度不断完善的进程中，必须将教育发展，尤其是乡村教育发展置于当前国家改革发展的重大战略部署之中，统筹考虑城镇化、乡村振兴等一系列客观现实，在综合多种条件、兼顾各种因素、分析复杂情势的基础上，科学设计多样性和有针对性的教育资源分配、城乡教师交流、城乡教育供给等制度。

第 三 节

农村义务教育质量均衡发展的个案调查

　　S民族小学是位于罗霄山片区的一所村级民族小学，学生以畲族雷姓居多。该校成立于新中国成立前，具有较长的办学历史。该校校园面积约为 3000 m²，建筑面积约 1000 m²。该校有一至四年级 4 个教学班。截至2018 年 7 月，在校生有 121 人，随一年级就读的 5 周岁学前生有 20 人，住校生 24 人，单、双亲留守儿童 60 人。学校现有教职工 6 名，其中小学高级教师 1 人，小学二级教师 1 人，具有大专和本科学历的教师各 2 人。

---

[1]　张彦，龚智敏，邢天宇. 论顶层设计与制度驾驭[J]. 晋阳学刊，2019(3)：84-100.

一、S 小学教育质量均衡发展的措施

（一）以办学条件不断改善为教学质量提供保障

近年来，S 民族小学的办学条件不断改善，尤其是乘着迎接全国义务教育均衡发展检查的东风，该校对照标准补差补缺，使各项办学指标均达到义务教育均衡发展的标准。该校生均校园用地面积 25.60 m²，生均校舍面积 8.66 m²，生均体育用地面积 7.68 m²，寄宿生均宿舍使用面积 3.3 m²，计算机配置生机比为 24∶1，图书配置生均 15.7 册，生师比 20∶1，教师学历达标率 100%。学校建设音、体、美、科学、计算机、多媒体、图书室，教学仪器设备配齐率 100%。办学条件的不断改善，为该校办学质量的稳步提升提供了有效的保障。

（二）以"青蓝工程"的实施引领青年教师成长

为解决学校青年教师多、课堂教学和班级管理经验不足的问题，S 民族小学努力寻求青年教师培养的新路子，探索实施了"青蓝工程"，充分发挥骨干教师的传帮带作用，促进青年教师在较短的时间内适应教育岗位的基本要求，实现师德师风、教学艺术和教育管理能力的同步提高。该工程科学安排师徒结对名单，师徒在钻研教材、编写教案、课堂教学、作业设计及批改、辅导、复习、检测、命制试题及试卷分析等教学环节积极开展交流活动。该校通过"青蓝工程"的实施，希望青年教师达到"一年适应，二年成熟，三年挑大梁"的目标，即第一年能熟悉教学业务，基本掌握教学技巧，完成所任学科的基本教学任务；第二年能创造性地开展相关教学工作，并能开展一些教学研究；第三年能基本形成自己的教学风格。

（三）以有序教研活动的开展助力教学质量提升

教研活动是提升教师自身业务水平和提高教育教学质量的一个重要保

障，S民族小学每学期初根据中心小学的教学计划，结合自身的实际制订本校教研计划，开展形式多样的教研活动，如校本教研、听课评课活动、听课周活动、教学案例专题研讨、新教师见面课、青年教师成长课、"青蓝工程"示范课以及教师参加培训后的汇报课等。同时，学校要求每个教师每学年都要撰写一篇教育教学论文，以反思教学中的问题，总结教学中的经验。为确保教研计划顺利开展，教师每人每学年初都发放一本《教师成长手册》，将每次参加的教研活动都记录在案。这些资料都会进入教师个人档案，并与个人的工作绩效挂钩。

（四）以高效课堂的实施提高教学实效

为矫正课程教学过程中出现的重形式轻内容、重数量轻质量、重教法轻学法、重训练轻反馈、重进度轻效度等偏差和不足问题，S民族小学从教学准备、教学过程、训练检测、课后辅导、教学评价五个方面，积极推进高效课堂的实施。第一，在教学准备环节，要求教师认真备教材、备学生、备练习。第二，在课堂教学环节，注重提高教学内容、教学活动、教学方法、教学交流、教学手段、问题设计的有效性。第三，在训练检测环节，要求充分了解学情，布置有针对性的作业，让学生在作业训练中思考问题、解决问题。同时，要科学安排学生的练习时间，做到适时、适量、适度。第四，在课后辅导环节，突出一个"勤"字，坚持"抓两头促中间"的辅导策略，让培优补差落实到位，同时注重对学困生的心理辅导。第五，在教学评价环节，对教师和学生进行及时、适度、多元的评价，既注重评价教学过程又要注重评价教学结果。

（五）以"1+1"素质教育工程助力培育学生核心素养

为提高学生综合素质、培育学生核心素养，S民族小学立足"打基础、管长远"的目标，实施了体育、艺术"1+1"素质教育工程，即让每个学生最少能掌握一项体育技能和一项艺术特长，切实提高学生的综合素质，为实现学生的全面发展和提高教育教学质量奠定坚实的基础。"1+1"素质教育工程坚持以学生为主体，在选择发展项目时，充分尊重学生的意愿，科学指导学生选择适合自己的项目，使学生在多种活动体验过程中发现、发展自己的体育和艺术特长。同时，要以课堂教学为主渠道，把"1+1"素质教育工程的相关内容纳入教学计划，并按照统分结合的原则进行适当统筹，形成整班、整年级、整校的特色。

二、农村义务教育质量保障存在的问题

（一）教师工作繁重

教师工作量是影响教师心理健康、教育教学质量及职业幸福感的重要因素。它是教师在履行职业角色时践行的具体工作任务量及其所需要的时间总量，以及由不同工作任务的结构比例共同决定的教师工作量。[1] 在农村地区，尤其是在偏远的农村地区，由于工资待遇相对较低、工作条件较为简陋、生活条件较为艰苦，导致农村教师职业的吸引力不足，农村地区现有教师数量与实际需求数量之间的关系失衡，相当一部分的教师承担的工作负担较重。在调查中发现，S民族小学有一至四年级4个班级，除去每天下午20分钟的写字课外，全校每周是120节课，全校6名教职工，平均每人每周20节课，其中课时最重的教师一周23节课，少的也有17节课。由于该校每个年级只有一个班级，所以该校教师还不同程度地存在跨年级任教的问题，这无疑又增加了教师的备课负担。同时，该校教师除了上课之外，还要分工负责学校的常规管理或一些杂务性的工作，以维持学校的有序运转。教学管理工作负荷量过大，不仅影响了教师对教学工作的深入钻研，同时也使教师更难以腾出时间学习，从而限制了教师业务水平的提升。

---

[1] 李新翠. 中小学教师工作量的超负荷与有效调适[J]. 中国教育学刊，2016(2).

（二）学困生不能留级可能影响学业发展

随着我国义务教育制度的逐步完善，许多省（区、市）先后取消了义务教育阶段学生的留级制度。到目前为止，全国几乎所有省（区、市）都严格禁止或原则上禁止义务教育阶段学生留级。虽然越来越多的教师和学生家长呼吁在义务教育阶段实施学生留级制度，但主管部门往往以义务教育阶段实施免费教育，留级将会浪费教育资源为由加以拒绝。[1] 但是，回归教育的初心与使命，可知教育的目的是要培养人，实现人的自由全面发展。我国实施的九年义务教育，除了要保证学生必须接受相应年限的教育之外，还应该保证学生的学业质量，使学生在毕业时，达到应有的基本水平。无疑，取消留级制度等于放松了对学生的要求，义务教育成了"毕业证教育"。[2] 同时，由于每个小学生在智力水平、发育状况、勤奋程度方面存有差异，在教学过程中总有一些学生没有办法跟上正常的教学进度，成为学困生。而在取消留级制度的情况下，即便是学困生有留级的诉求，但也不得不升学，这就导致其新知识的学习更加困难。由于在学习中找不到乐趣，就会产生学习的挫败感，甚至会因此而产生一些不良的心理和行为问题，进而会影响其终身发展。

（三）教师队伍结构性缺员影响教育质量

近年来，我国农村教育事业发展迅速，在师资队伍建设方面，乡村教师总体上不缺，主要问题为结构性缺员，即缺少音、体、美、外语、计算机类教师[3]。一方面，农村学校音美体教师缺乏，专业素质偏低，师资培训不足，很难满足学生的需要，直接影响到农村中小学音体美教学质量

---

[1] 张翔，林发艳. 义务教育阶段学生留级诉求与"自愿有偿"留级制度探究[J]. 基础教育，2017，14（3）：31-36.

[2] 陈惠英. 义务教育阶段该不该设置留级制度？[J]. 中小学校长，2012（7）：51-53.

[3] 教育部：乡村教师总体充足 结构上缺音体美外教师[EB/OL]. http：//finance. china. com. cn/roll/20160712/3808152. shtml.

和人才选拔。[1] 另一方面，由于社会上存在的一些偏见和不公待遇，导致从事音体美"副课"教学的老师，转而从事语文数学等"主课"的教学，这又造成了一部分从事音体美教学教师的缺位，严重制约了农村学校教育的良性运转。在调查中发现，S民族小学虽然配齐了音体美等教室，但是由于缺少相应的专业教师以及缺乏专门的培训，导致部分仪器设施得不到有效的利用。如上音乐课的教师由于缺乏相关的专业知识，故而只能教学生唱歌，而无法向学生教授基本的乐理知识。此外，教师队伍的结构性缺员还表现在男教师的缺乏，在调查中发现，S民族小学六名教职工中，只有校长一人是男性。义务教育阶段是儿童、少年快速成长的时期，性别环境的失衡，会对儿童、少年的思维方式、行为习惯以及性格养成等产生不利的影响。

（四）学前生与适龄生混杂影响教学成效

由于农村地区经济水平发展相对滞后，受经济条件和基础环境的制约，农村地区义务教育的设施还不够完善，农村地区还存在着大量的薄弱学校。在部分农村地区，学前教育通常由村级完小附设，[2] 或者在初小、教学点与一年级开展复式教学，学前生通常与小学一年级学生混杂在一起学习。村级小学除了承担义务教育阶段的教育职能外，还不同程度地肩负学前教育的重担，这无疑会增添农村义务教育学校的教学管理难度。近年来，随着国家生育政策的逐步调整，在S民族小学就读的学生逐渐增多。虽然S民族小学所在乡村人口占全乡镇的三分之一，但是该村的公办幼儿园还未建成，于是部分学前生与一年级适龄生混在一起。不同学龄学生的混杂，不仅直接加大了教师对课堂教学管理的难度，而且导致了大班额问题的出现，严重影响了一年级的教学秩序和教学质量。

---

[1] 黎韵. 关注农村音体美教育——促进基础教育公平发展[J]. 社会科学战线，2012(1)：277-278.

[2] 马廷锐. 农村学前教育小学化倾向的成因及对策[J]. 宁夏教育，2015(9)：24.

三、推动农村义务教育高质量发展的建议

(一)进一步完善义务教育经费保障机制

教育经费是制约教育质量提升的首要因素，完善其保障机制才能为保障教育质量打下坚实基础。各级政府及教育管理部门要依法落实义务教育财政投入。健全"城乡统一、重在农村、以县为主"的义务教育经费保障机制，将义务教育经费全面纳入财政预算并实行单列，避免在经费使用过程中挪作他用，定期做好经费审核。保证义务教育财政拨款的增长比例高于财政经常性收入的增长比例，保证义务教育经费、学生生均公用经费、家庭经济困难学生资助经费稳步增长。总体经费的保障，应按照不同地区的不同经济发展状况给予有差异的对待，实现实质性的教育公平。因此，政府及教育管理部门要科学地稳步提升生均经费标准，同时根据各地经济发展水平、各中小学发展状况有针对性地实行差异化生均经费标准。在增加整体教育经费的同时，还应设置相应的专项经费，或者给予学校适度的自由分配权力，以解决学校发展过程中迫切需要解决的问题。不同地区学校的发展需求和面对的困难是有差异的，给予学校支配权，有助于实现学校因地制宜，解决发展中的困难，进而实现特色化发展，为教育质量的提高创造充足的空间。

(二)统筹考虑设定班师比指标

2017 年，我国在发布的《全面深化新时代教师队伍建设改革的意见》中，明确提出编制向乡村小规模学校倾斜，按照班师比与生师比相结合的方式核定。办好农村学校的关键在教师，要提高农村地区义务教育质量，就必须打造一支稳定而富有活力的高素质农村教师队伍。在农村教师队伍建设的过程中，除了考虑教职工比(或生师比)这一指标之外，还应该考虑设置班师比指标。在广大农村，只有一名教师和两名学生的教学点或"麻

雀学校"并不罕见。因此,即便是在偏远的农村教学点,其教职工比(或生师比)指标也远优于城市学校,但是其教学质量却得不到有效保障。在调查中发现,S民族小学的教职工比为20:1,符合义务教育均衡督导评估所要求的低于23.5:1的标准。但是,该校4个班级,仅有6名教职工,班师比仅为1:1.5,而且4个班级又属于四个不同的年级。在这种情况下,该校教职工能确保教学常规稳定运行、学校管理工作平稳有序,就已实属不易。因此,关于农村教师队伍的建设,应在有限的教学资源条件下,考虑设定适当的班师比指标,以确保教育过程公平,持续改善农村义务教育质量。

(三)培养小学全科教师以破解结构性缺编难题

小学全科教师的培养源于农村义务教育教师队伍的结构性缺编。农村义务教育教师在大学期间大多接受的是专业教育,实行的是分科培养,毕业后补充到农村小学,通常只能胜任1—2门学科的教学工作。这种培养模式能够培养出学有所长的专职教师,对于单科教学十分有利。而由于农村学校必须要开齐开足相应的课程,在一些师资较为紧缺的农村学校,部分教师除了担任一门自己专业的教学任务外,往往还承担着其他未学过的专业的教学以及音乐、体育、美术、科学等教学,[1] 即其所承担的教学任务并不一定与所接受的专业教育相关,这就造成教非所学的问题。与小学分科教师相对应,小学全科教师是指掌握教育教学基本知识和技能,学科知识和能力结构合理,能独立承担国家规定的小学阶段若干课程的教学工作,从事小学教育教学研究与管理的教师。全科不是指对所有学科知识都能够系统地掌握,而是指知识面相对较广、知识体系相对完整,[2] 从而打破了学科之间的界限,为学生构建起较为全面和贯通的知识体系,进而

---

[1] 肖其勇.农村小学全科教师培养特质与发展模式[J].中国教育学刊,2014(3):88-92.

[2] 田振华.小学全科教师的内涵、价值及培养路径[J].教育评论,2015(4):83.

有效保障农村义务教育质量的稳步提升。因此，要破解农村义务教育教师结构性缺乏的难题，就应大力培养小学全科教师，以实现农村小学教师队伍的合理搭建。

（四）学位富余的学校可以设置学生留级比例

九年义务教育并不是"毕业证教育"，它也有基本的质量要求。设立留级制度是保障义务教育质量的一个有力措施，是实现教育结果公平的重要途径之一，其目的在于使学生能够通过留级弥补学业上的欠缺，从而重拾学习的兴趣并树立学习的信心。就认知规律而言，知识的重复学习，有助于学生对知识的掌握，学困生若能通过留级进行重复学习，重修其落下的课程，是可以达到相应学段的学业水平标准的。同时，教育的目的在于促进学生的健康成长，实现人的自由全面发展。教育应该把学生的发展放在首要位置，一切教育行为和教育活动都应该以学生的全面发展为中心。因此，好的教育一定是人性化的教育，好的教育制度一定是柔性化的教育制度。也唯有人性化的教育和柔性化的教育制度才能充分尊重学生发展的不同需求，顺应学生发展的身心特点。允许确实有留级需求的学生留级，是教育人性化和教育制度柔性化的体现。因此，在学位富余的农村学校，应适当允许有需求的学生留级。当然，为避免留级的随意性，确保留级确实是符合学生发展的实际需求，在作出留级与否的决定时，除了根据学生的实际表现和家长的意愿外，还应综合考虑教师、班主任或校外专家及学习指导机构的意见。[1]

（五）持续推进农村薄弱学校改造

薄弱学校被认为是升学率低、师资不强、校园建设差的学校，其薄弱

---

[1]　陈惠英. 义务教育阶段留级制度之审思[J]. 教育测量与评价（理论版），2013（1）：23-27.

之处主要体现在物质层面、结构层面、师资层面、转化层面和升学层面等。[1] 由于历史和现实的原因，薄弱学校更多分布在农村地区，而且目前这一问题仍然是制约区域教育均衡发展、提升农村义务教育质量和实现教育公平的短板所在。建设教育强国的宏伟愿景，对农村薄弱学校的改造提出了全新的要求。全面改善农村薄弱学校的基本办学条件，迅速改变农村薄弱学校的落后面貌，促使农村义务教育学校办学进一步规范化和正规化，是打破强者越来越强，弱者积贫积弱怪圈的必然要求。2013 年，教育部等相关部门在发布的《关于全面改善贫困地区义务教育薄弱学校基本办学条件的意见》中明确提出，推进教育公平，是实现社会公正的有力措施，也是增强贫困地区发展后劲、缩小城乡和区域差距、推动教育均衡发展的有效途径。持续推进农村薄弱学校改造，必须改变以往的重点学校重点投入的教育投资体制，持续优化农村义务教育投入新机制，以使稀缺的教育资源得到公平合理有效的分配，促进农村薄弱学校基本办学条件的不断改进。

---

[1] 叶娅. 学力薄弱学校的特色化发展路径建构[J]. 教学与管理，2019(32)：1-3.

第 六 章

质量保障：农村义务教育高质量发展的重要机制

农村义务教育高质量发展是一个动态的过程，是一个向更高水平不断发展的渐进式的过程。教育基本均衡保证了农村义务教育的基本质量，而要实现教育优质均衡，实现农村义务教育高质量发展，还需要梳理农村义务教育质量保障机制的构成要素，为农村义务教育高质量发展提供切实的保障。在教育管理人力、财力、物力、时间、空间、信息六个要素中，归根结底最为重要的是人和财两个要素，笔者从农村义务教育质量保障的领导力建设和财政监督两个维度，探讨农村义务教育高质量发展的保障机制。

第 一 节

农村义务教育质量保障的领导力建设

近年来，教育管理界日渐重视教育领导力的建设，[1] 世界各国也普遍通过优化教育管理的方式和模式，以实现教育领导力的持续提升和改善。英国伯明翰大学教育学院前院长彼得·雷宾斯认为：领导力的质量是决定学校效能和学生学业水平的关键因素。而这一点，早已成为国际教育界的共识。国内外有关教育领导理论的研究，无论是传统的研究领导者个性特征的特质论、寻求最佳领导行为的行为论、因情境而变的权变论，抑或是富有重构精神的后现代论，都越来越触及其研究核心——教育领导力。教育领导力决定着教育事业的发展，农村义务教育质量与农村义务教育的领导力密切相关，而农村义务教育领导力的建设，也将具体落实在教育管理部门、农村学校校长及其领导团队等不同层面的主体上。因而，有什么样的教育领导力，就有什么样的教育质量。要实现农村义务教育质量

---

[1] 何华宇. 可持续教育领导力：背景、内涵及行动提升[J]. 教育发展研究，2010，30（2）：45-50.

的可持续改进，就必须持续关注和加强农村义务教育领导力的建设。

我国在提升教育领导力方面，也作出了积极的努力和探索。2019年出台的《中国教育现代化2035》，在第一个保障措施"加强党对教育工作的全面领导"中，明确提出"建设高素质专业化教育系统干部队伍"。2010年，党和国家在《国家中长期教育改革和发展规划纲要（2010—2020年）》中，提出要加强组织领导，健全领导体制，以深化教育领域综合改革，推动教育事业科学发展。加强农村义务教育领导力建设，是农村义务教育实现内涵式发展和高质量发展的重要路径。而要探索和建设具有中国特色、中国风格、中国气派的教育领导力，就必须要从中国优秀文化基因中寻求支撑。在中国优秀传统文化中，蕴藏着丰富且独具特色的管理智慧和教育理念，因此从中国优秀传统文化与管理哲学思想中汲取智慧，必将成为建构中国教育领导力的重要源泉。基于此，笔者在探讨农村义务教育领导力建设的同时，兼论中国教育领导力的内涵与外延、特征及其构成要素，在此基础上提出了进一步提升农村义务教育领导力的建议，以期为提高农村教育领导力提供一些参考。

一、教育领导力的内涵

教育领导力关注的是领导效能，是教育领导者在管辖范围内，充分利用人力、财力、物力、时间、空间、信息等稀缺资源，以最小的成本实现教育组织的目标，其本质是影响力，即要求教育领导者拓展途径和方式，以巩固和扩大其创造力、凝聚力、牵引力、推动力和发展力。教育领导力是教育组织谋求生存和发展的关键力量，若在教育领导力中融入中国优秀传统文化，并将中国教育管理理念与管理哲学思想植入其中，就形成了中国教育领导力。

中国拥有五千年的文明史，在历史的长河中，勤劳智慧的华夏子女创造了绚烂多彩的中国文化。中国传统文化是东方尤其是东亚国家文化的渊源。中华传统文化对东方管理文化的价值观念、传统道德和行为模式有着广泛而深远的影响。同时，中国作为世界文化发源最早的国家之一，拥有悠久的教育传统。自从人猿相揖别后，华夏大地便出现了原始的教育活动，这种教育活动产生于社会生活的需要，更是为了满足人类传授劳动、生产和生活经验，保证人类社会存续和发展的需要。与此同时，萌芽状态的教育管理也就此产生。到了夏、商、周时代，具有浓郁东方色彩的教育管理模式便具雏形了。至春秋战国时期，诸子百家各具特色的教育管理思想与实践，更是为我国古典教育管理理论的形成奠定了深厚的基础。[1]在浓郁的文化氛围和丰厚的文化底蕴中，中国教育管理实践活动逐渐形成了具有浓郁中国风格的教育管理模式，并孕育了独具特色和魅力的中国教育领导力。

中国教育领导力是在中国优秀传统文化的引导下，教育领导者基于职位角色和自身素质，在领导和管理活动中产生的综合性影响力，是一种坚持以德为先、以人为本、以和为贵的影响力。它具有两个层面的含义，在宏观层面，中国教育领导力是政府或教育主管部门通过统筹规划、综合改革、多方参与治理等途径，深化教育领域综合改革，服务和引导教育事业发展，以提供充足优质的教育资源，满足人们日益增长的、个性化的学习需求的能力；在微观层面，中国教育领导力则是指教育领导者或教育领导团队在知识、技能、个性等方面的有机耦合，以改变教育客体的认知与态度，促使其采取或放弃某种行为的能力。该能力能激励或引导教育客体积极主动地追随教育领导者实现教育目标。

二、教育领导力的特征

(一)以德为先

"德"的本意为遵循自然、社会和人类的客观规律，顺应事物发展的客

---

[1] 黄仁贤. 中国教育管理史[M]. 福州：福建人民出版社，2003：2.

观需要去做事。在教育实践活动中强调以德为先，实质是强调教育领导者运用非职位的影响力去改变教育领导客体的认知与态度，进而改变其行为或促使其采取相应的行动。与西方教育管理重视功利和组织制度设计的管理理念相比，中国教育领导力则更加强调道德原则。庄子的"无为"教育思想，就体现了其反功利的性质。他认为去除知识与欲望是国之政治、人之道德的基本前提。儒家的教育思想虽然重视人的现实生活而主张积极入世，但在反功利这一点上，与道家可谓是殊途同归。正如孔子所云："君子喻于义，小人喻于利。"他认为有道德的人追求的是道义，而无道德的人追求的是功利。中国教育思想所表现出来的重道德的价值观，表现在教育实践上就是崇尚教育的伦理价值，重视道德的追求与人格的陶冶。以德为先，是中华民族的优良传统。从古至今，"德"也一直贯穿于中国教育管理活动的理论与实践中。首先，以德为先，即教育领导者应厚德载物、德艺双馨，既能够容纳不同的见解，又能艺术地调和教育管理过程中出现的矛盾与利益冲突，从而为教育教学活动的开展营造一个和谐宽松的环境。其次，以德为先，就是要以德服人，理顺教育组织中的各种关系，以实现广大教职工的同心同德，为教育目标的实现添砖加瓦。最后，以德为先，也要度德量力，在设定教育目标时，充分考虑教育组织的基本情况与资源禀赋，带领教育组织实现合理的教育目标。

（二）以人为本

人的发展是社会发展的动力和旨归，以人为本，就是以实现人的自由全面发展为目标。以人为本，不是以某一个人为本，而是兼顾个人发展与社会需要的以人为本，是以广大人民群众的根本利益为本。[1] 以人为本的中国教育领导力，是指教育的发展依靠人，教育的发展为了人，以人的自由全面发展为核心是一切教育管理活动的出发点和归宿。以人为本是形

---

[1] 余自武，苏东水. 论东方管理的人道哲学[J]. 上海管理科学，2010，32(5)：1-5.

成中国教育领导力的重要理念，它作为中国教育理论和实践的一种价值取向，其核心要义就在于以人为尊，以人为重，以人为先。教育管理对象中的人，包括学生和教师，他们是教育管理中最基本的要素，是具有独立人格的完整的人和完整的精神实体。其中，学生是教育的客体和自我学习的主体，教师是实施教育教学活动的主导者和承担者。因此，教育管理必然要彰显对教师和学生"人"的价值关怀：尊重师生的人格、尊严和自由，强化师生在教育管理活动中的主体地位和参与意识，充分关注师生的成长和幸福，真正地促使学校教育管理由"目中无人"的物性化管理向"目中有教师""目中有学生"的人性化管理转变。[1] 以人为本的中国教育领导力，就是始终坚持学生和教师的主体地位，把学生自由全面的发展作为教育的终极目标。中国教育领导力的实现，始终建立在把人放在教育管理工作重要的乃至中心的位置上，建立在最大限度地发挥人力资源作用的基础上，以引导师生实现预期的教育目标。

（三）以和为贵

中国文化博大精深，而"和"是中国文化的最高价值取向，和谐是中国文化所追求的最高境界。中国文化的和谐境界追求真（自然之和谐）、善（人际之和谐）、美（天人之和谐）相统一的总体目标，尤其以追求人际关系的和谐为主旨。[2] 在中国教育管理的理论与实践活动中，自始至终都贯穿着以和为贵的价值典范。譬如，孔子较早提出了"和为贵"的命题，把"和"与"安"作为处事治国的原则。在和谐思想的指导下，中国教育的理论与实践活动非常注重塑造和谐的教育管理环境。以和为贵，有助于形成融洽的人际关系，促使教育领导者作风民主、讲究工作方法，有利于使教育组织的民主风气得到弘扬，使教师与学生的主人翁地位得以彰显。和谐的

---

[1] 杨国欣. 学校教育管理中的人本思想探讨[J]. 教学与管理，2013(21)：26-28.

[2] 朱永新. 中外教育思想史[M]. 南京：南京大学出版社，2000：85.

教育组织环境，有助于营造宽松的教育管理氛围，形成良好的教学及教育管理秩序，确保人人自觉遵章守纪，有利于各级各类人员权责明确，配合默契，保证教育教学活动秩序井然，忙而不乱。

三、教育领导力的构成要素

（一）法定教育职位权力

权力是职责范围内的指挥或支配力量，是社会体制中职位的标志而不是某个人的标志。当在社会机构中占据权势地位和支配地位时，人们就有了权力。[1] 从逻辑上来看，职位权力来源于职位，而职位又是组织的产物，因而，从根本上来说，职位的权力来源于组织。在组织的形成过程中，为了优化资源配置，协调组织内部成员的利益，而实行组织内部分工，由此产生了不同的工作任务。为了保证工作任务的有效完成，组织赋予了承担工作任务的个体与工作密切相关的权力，这种由工作任务所决定的权力，与工作者个人的专家性权力相结合而形成的权力，就是职位权力。因此，职位权力是组织发展的产物，组织是它得以存在和行使的基础。教育领导者影响个人或群体的基础是权力，即指挥下级的权和促使下级服从的力。这种权力的来源即法定的教育职位的权力，它是由教育领导者在教育组织中所处的职位赋予的。教育职位的权力，归根结底是由教育领导者所掌握的特定资源的配置权派生出来的，这种配置权大体上包括强制的奖惩权、物质和非物质的付酬权、资源的分配权等。这些权力的大小和适用范围随着教育职务的变动而变动，其核心始终围绕于合理配置教育组织资源，达成既定的教育目标。

（二）高素质的教育领导者

法定教育职位权力的特点是以外推力的形式，促使教育领导客体配

---

[1] 托马斯·戴伊. 谁掌管美国[M]. 北京：世界知识出版社，1980：10-11.

合、服从或执行。在它的作用下，教育领导客体的心理和行为主要表现为被动和服从，其积极性和主动性难以被调动，其创造性更难以被发挥。因此，教育职位权力对人的心理和行为的激励是有限的，只依靠法定教育职位权力可能会造成教育领导客体出现口服心不服的问题。若要改变教育客体的认知与态度，激励教育领导客体紧密跟随教育领导者实现既定的教育目标，就必须依靠处于特定职位的教育领导者的非职位权力。教育领导者的非职位权力与法定的教育职位权力相对应，同时又是法定教育职位权力的重要补充。法定职位权力是教育领导者非职位权力得以实现的基础与保障，而由教育领导者的非职位权力所产生的影响，却要比教育职位权力产生的影响广泛而深远得多。实现教育领导者的法定教育职位权力和非职位权力的有机结合，才能真正地使教育领导客体心服口服。教育领导者的非职位权力是由教育领导者自身所具有的某些特殊条件形成的，如健康的身心素质、优秀的思想品格、深厚的文化底蕴、良好的心理素养、深厚的社会资本、良好的社交能力、丰富的个人阅历等。拥有非职位权力的领导者，上下级之间是威信与顺从的关系。例如，具有高尚的品德、丰富的经验、卓越的工作能力以及良好的人际关系的教育领导者，会令人感到可亲、可信、可敬。他善于创造一个富有激励性的工作环境，以满足广大教职工的需要，进而能够带领广大教职工实现既定的教育目标。非职位权力对人产生的影响是发自内心的，是一种长远的、持久性的影响，这种权力不会随着职位的消失而消失。

（三）有共同愿景的教育领导客体

教育领导客体与教育领导者相对应，教育领导客体是教育领导者实施教育领导活动的对象，没有教育领导客体，教育领导者就失去了实施教育管理活动的载体，教育领导者也将不复存在，教育领导力更是无从谈起。教育领导力是在教育领导者与教育领导客体的互动过程中产生的。唯有认同教育组织发展愿景的教育领导客体，才会积极主动地模仿、服从和追随教育领导者，努力实现教育组织的目标。而教育领导客体愿意模仿和服从教育领导者，除了与法定教育职位权力以及教育领导者的非职位权力紧密相关外，还取决于教育领导客体的价值观念、对教育领导者及其倡导的组织目标的认同，以及由对工作环境的感受而产生的满足感等因素。这些体现在教育领导客体身上的因素可能存在一定的差异。如果差异较小且比较稳定，那么实际就形成了一种组织文化，可能长期对教育领导者的领导力产生积极的或消极的影响。在教育领导活动中，对与此有关的组织文化必须给予高度的关注，以便因势利导并作为改进教育领导者工作的一面镜子。[1] 同时，单个的教育领导客体会在共同的工作过程中，自然形成以感情、喜好等情绪为基础的松散的没有正式规定的群体。这种非正式的群体没有正式的组织结构，也不受正式组织的行政部门和管理层次等的限制，但是在这些非正式群体里会形成一些不成文的行为准则和规范，进而与教育领导者倡导的目标及价值规范等相互作用，影响教育领导力。

（四）艺术的教育领导方法

任何教育组织都处于一定的社会环境中，都离不开外部环境的制约，并都与所处的环境进行着物质、能量、信息等方面的交换。教育组织与社会环境相互依赖，彼此制约。同时，教育组织所处的环境又存在很多异质性的因素，而每种因素对教育组织的影响又很可能大相径庭。因此，在不同的环境条件下，即便是同样的领导者、同样的领导方式，所产生的领导力效果也可能存在着差异。这就要求教育领导者敏锐地洞察环境的变化，并采取艺术的教育领导方法抓住机遇或者避开威胁，从而正确处理好教育组织与环境的各种纷繁复杂的关系，创造性地完成组织任务，实现组织目标。教育组织所处的环境，通常分为外部环境和内部环境。外部环境是教育组织之外的客观存在的各种影响因素的总和，它不以教育组织的意志为

---

[1]　陈孝彬，高洪源. 教育管理学[M]. 北京：北京师范大学出版集团，2008：451.

转移，是所有组织都必须要面对的因素，通常包括政治环境、经济环境、技术环境以及行业环境等。教育组织的内部环境通常包括资源与能力环境、传统与价值观环境以及利益相关者等。同时，教育组织所处的环境又是在不断变化发展的，这就对教育领导力提出了更高的要求。只有适时运用艺术的教育领导方法，才能在保持教育组织稳健发展的同时，引导教育组织快速适应环境变化带来的冲击，提升教育领导力的成效。

（五）中国优秀传统文化

中国优秀传统文化是由中华民族创造的，为中华民族世世代代所继承发展，具有鲜明的民族特色。中国优秀传统文化历史悠久，源远流长，内涵博大精深。它是由中华文明演化而汇集成的一种反映民族特质和风貌的民族文化，是历史上各种思想文化、观念形态的总体表征。中国优秀传统文化，尤其是中国优秀传统文化中的教育思想与实践赋予了中国教育领导力丰富而深刻的内涵，形成了中国教育领导力自身独有的特质与魅力。许多儒学思想家也都提倡重视教育，希望通过教育将统治者培养成为圣明之主，将臣民教化成为良民。[1] 墨家代表人物墨子以染丝为例，生动地阐述了环境和教育对人性形成的影响，他以"染于苍则苍，染于黄则黄，所入者变，其色亦变"，来阐释"士亦有染"，所以"染不可不慎也"。中国优秀传统文化是中国教育领导力形成与发展的内核。它不但是中国教育领导力充满活力的内在源泉，更是中国教育领导力自成一派，有别于其他国家和地区教育领导力的根源所在。

---

[1] 顾明远. 论中国传统文化对中国教育的影响[J]. 杭州师范学院学报（社会科学版），2004(1)：1-9.

四、农村义务教育教育领导力的提升

（一）提升理念：坚持以人为本的教育领导理念

教育是一种有目的地培养人的社会活动，这是对教育质的规定。教育的发展同人类追求自身解放的步伐是基本一致的，其职能在于传递生产经验和生活经验，其目的在于促进人的自由而全面的发展。以人为本的教育理念，贯彻于教育活动的始终，是我国教育政策一以贯之的价值导向。无论是《国家中长期教育改革和发展规划纲要（2010—2020 年）》，还是《中国教育现代化 2035》《义务教育质量评价指南》等，都明确提出或体现了坚持以人为本的价值要求。在宏观上，教育的主体是国家和社会，国家和社会是推动教育事业发展和改革的动力源泉。坚持以人为本的教育领导理念，就是以实现人的自由全面发展为目标，从人民群众的根本利益出发谋发展、促发展，不断满足人民群众日益增长的物质文化需要，切实保障人民群众的受教育权，让教育改革与发展的成果惠及全体人民。在微观上，教育的主体是教师和学生。学生既是教育教学管理的对象，又是学习的主体，坚持以人为本的教育领导理念，就是以学生为中心，彻底转变传统地把学生当作教师教学活动附庸的观念，扭转以教师为中心的教学模式，确立学生在教学活动中的主体地位，让学生成为教学活动的主体。同时，以人为本，也要充分关照教师群体的利益诉求，为教师实现自我发展与成长提供良好的平台。只有坚持以人为本的教育领导理念，才能契合教育培养人的目的，才能行之有效地改善教育管理行为，切实提升教育领导力。

（二）提升途径：从中国优秀传统文化中汲取教育领导智慧

以古鉴今，以史明镜。中国教育领导力与中国优秀传统文化之间始终存在千丝万缕的联系。对教育事业的领导，不仅仅是一种技巧和方法，其在本质上更受到来自中国优秀传统文化的深层影响。但凡能成功开展教育管理实践，具有强大影响的教育领导力，必然也是能够深度解读中国优秀传统文化内涵，完美契合中国优秀传统文化特性的教育领导力。提升教育领导力，巧妙而艺术地开展教育管理工作，需要从中国优秀传统文化中汲取教育管理智慧。在优秀传统文化中，道家的"道法自然"与"治大国若烹小鲜"的管理智慧、儒家的"仁""义""礼""智""信"等为人之道、法家"以法治国"的管理策略、墨家"兼相爱、交相利"的治理方略等，犹如夜空中璀璨的明星，闪烁着智慧的光芒。这些优秀的传统文化沁透进中华大地的各个角落，影响着中华儿女的思维方式以及为人处世之道。学习和掌握其中的各种管理思想精华，对于提升教育领导力大有裨益。

（三）提升方法：积极回应时代变革的客观需求

教育是一种培养人的社会活动，同时也是社会大系统中一个重要的子系统。保持与其他社会子系统的联系与互动，积极回应时代变革的客观需求，是提升教育领导力的必然选择。教育因满足人与社会的需要而产生，也随着人类社会的进步而发展，因而，教育的发展在遵循自身发展规律的同时，也存在着社会制约性。在特定的时期，教育目的、教育制度、教育内容与教育方式，以及教育发展的规模与速度，无一不受到社会生产力发展水平、经济政治制度与科学文化等因素的影响和制约。首先，生产力的发展水平制约着教育事业发展的规模和速度，制约着人才的培养规格和教育的结构，促进着教学内容、教学方法和教学组织形式的发展和改革。其次，社会经济政治制度的性质制约着教育的性质、教育的宗旨和目的、教育的领导权以及受教育权的享有与实现。同时，社会经济政治制度还制约着教育内容、教育结构和教育管理体制等。最后，文化也制约与影响着教育事业的发展。文化是由人类在社会历史发展过程中所创造的各种财富的总和。文化知识制约着教育的内容与水平，制约着教育环境与教育模式，制约着教育的传统与变革。因此，没有一种可以适应各种社会环境的教育领导力，也不存在一成不变的教育领导力，积极回应时代的变革是提升教育领导力的必然路径。

（四）提升保障：不断提升教育领导者自身修养水平

教育领导力来源于两个方面，一方面是法定的教育职位权力，这是由相关法律赋予的；另一方面则是领导者的非职位权力，这是由领导者个人知识、能力、阅历等形成的。在教育管理活动中，如果过于依赖法定的职位权力，那么，在领导者与被领导者之间会形成一种指挥与被指挥的关系。如果在法定的职位权力之外，适当运用领导者的非职位权力，则可以引导教育领导客体积极主动地追随领导者实现教育目标。来源于领导者个人魅力与威信的领导力，契合了中国教育领导力所追求的和合境界，彰显了中国文化的核心与精髓。与西方的管理相对应，构建中国教育领导力，可以理解为是一种管理的艺术，而非单纯的纯理性的指挥与控制。构建和提升教育领导力，必须努力提升教育领导者个人的修养水平。较高的修养水平是教育领导者必须具备的重要素质，没有修养就谈不上领导能力和领导水平。尤其是在学习型社会，教育不再是某些杰出人才的特权或某一特定年龄的特殊活动，而是超出了传统教育的规定界限，在时间和空间上，正日益朝着包括个人终身和全体社会成员的方向发展。在学习型社会，无论是从基础教育到高等教育，还是从普通教育到职业教育，抑或是从正规教育到非正规教育，都对教育领导力提出了新的要求。作为教育领导者，只有不断更新知识、掌握领导技巧、丰富个人阅历、提升个人魄力，才能不断提升教育领导力的水平。[1]

---

[1]　王明露，王世忠. 中国教育领导力探析[J]. 学子(理论版)，2016(2)：6-8.

第 二 节

农村义务教育质量保障的财政监督

义务教育是基础教育的重要组成部分，加大对义务教育财政的投入，对于实现教育起点公平，提升国民素质，落实教育优先发展战略具有重要意义。我国教育投入已经进入"后4%时代"，对义务教育财政投入开展卓有成效的财政监督，有助于为农村义务教育事业高质量发展构建优良的发展环境。

一、财政监督有助于提高义务教育财政投入的使用效益

稳步增加教育经费投入力度，是实现科教兴国、人才强国和落实教育优先发展的重要战略举措。2019年印发的《中国教育现代化2035》，提出了完善教育现代化投入支撑体制的具体要求。2010年，党中央、国务院在《国家中长期教育改革和发展规划纲要(2010—2020年)》中明确提出，在财政拨款等方面向农村倾斜。党和国家对义务教育事业的高度重视，推动了农村义务教育财政投入的迅速增加。据统计，2006—2011年，不含教师工资性增长因素，全国财政共安排农村义务教育经费保障机制改革资金约6000亿元，其中，中央财政3360亿元、地方财政2640亿元。2012年，中央财政共安排农村义务教育经费保障机制资金864.5亿元。[1] 2017年，中央财政下达城乡义务教育经费保障机制预算1170亿元，比2016年增加约70亿元，增长6.4%。中央财政补助资金分配重点向中西部农村地区倾斜，从城乡看，中央财政安排的保障机制资金农村占82%，城市占18%；

---

[1] 中央财政6年累计安排义务教育相关经费近5500亿元[EB/OL]. http：//www. gov. cn/gzdt/2012-12/25/content_ 2298429. htm

从区域看，中西部地区占 77%，东部地区占 23%。[1] 2020 年，全国教育经费总投入为 53033.87 亿元，比上年的 50178.12 亿元增长 5.69%。其中，国家财政性教育经费为 42908.15 亿元，比上年的 40046.55 亿元增长 7.15%。全国一般公共预算教育经费为 36310.47 亿元，比上年增长 4.80%。在生均一般公共预算教育经费增长方面，农村小学为 11541.34 元，比上年的 11126.64 元增长 3.73%；农村初中为 15731.01 元，比上年的 15196.86 元增长 3.51%。在生均一般公共预算教育事业费支出增长方面，农村小学为 11178.71 元，比上年的 10681.34 元增长 4.66%；农村初中为 15112.10 元，比上年的 14542.23 元增长 3.92%。当年，国家财政性教育经费占国内生产总值的比例为 4.22%。[2]

国家对农村地区，尤其是偏远地区的义务教育事业的大力投入，有力地改善了当地义务教育事业的发展面貌，推动了当地义务教育事业的快速发展。然而，如何对数额庞大的农村义务教育财政进行有效的监督，以保证稀缺的资源发挥出最大的效益是亟待探讨的课题。财政监督是维护财政运行的重要环节，是加强财政支出管理的重要手段。它以财政资金为主要对象，以资金财务状况为核查主体，以服务财政管理为工作目标。[3] 对于义务教育财政监督而言，它是对义务教育财政资金运转全过程中一切活动及其结果所进行的一种监控与评价，涵盖义务教育财政资金的筹集、分配以及使用等环节。通过对义务教育财政进行监督，能够确保义务教育资源得以科学合理地配置，以及保证财政资金使用的真实性、规范性与合法性，并进一步高效节约地使用有限的义务教育资源。厘清义务教育财政监督体制的历史脉络，梳理现行农村义务教育财政监督体制存在的问题，有

---

[1]　中央财政下达城乡义务教育经费保障机制预算 1170 亿元[EB/OL]. http://www.gov. cn/xinwen/2017-05/15content-5194154. htm.

[2]　教育部 国家统计局 财政部关于 2020 年全国教育经费执行情况统计公告[EB/OL]. http://www. moe. gov. cn/srcsite/A05/s3040/202111/t20211130_ 583343. html.

[3]　杨颖，董登攀. 绩效评价与财政监督的职能融合与实践——以教育专项补助项目为例[J]. 财政监督，2014(36)：35-36.

助于提高农村义务教育财政监督成效，保障农村义务教育事业的发展。

二、新中国成立后农村义务教育财政监督政策的历史沿革

（一）中央负责，统一管理（1949—1979 年）

新中国成立后，中央实行高度集中的计划经济体制，并相应地建立起高度集中的监察体制。同时，中央成立了财政部，财政部设立了监察机构，随后从中央到地方各级政府陆续也设置了财政监察机构。在"一五"计划期间，我国基础教育被纳入国民经济计划，按中央、省（区、市）、县三级财政管理，实行"统一领导，分级管理"的财政管理体制。1958—1971年，基础教育管理权下放到地方后，基础教育经费由地方财政安排，实行中央与地方相结合，以地方为主的财政管理体制。1972—1979 年，在中央统一计划下，基础教育以地方管理为主，基础教育经费在中央安排下达国家预算时"戴帽"下达，专款专用。[1] 这为义务教育财政监督工作的开展提供了相应依据。

（二）地方负责，以乡为主（1980—1993 年）

1980 年，我国对财政体制进行了重大改革，国家预算由过去的"统收统支"改为"划分收支，分级包干"的"分灶吃饭"的体制，即由过去的中央政府统一管理国家全部财政收支的中央财政体制，变为中央与地方分级管理财政收入与支出的分级负责体制。从此，普通初等、中等教育投资的分配与管理开始交由地方负责，用于义务教育的经费由地方分担和筹集，中央只给予少量的补助。同年，国务院批转了《财政部关于财政监察工作机构设置的几项规定》，对财政监察机构的设置、任务、领导关系、工作制

---

[1] 戴金南. 我国义务教育财政体制的演变及存在的问题[J]. 当代教育论坛（综合研究），2011（1）：55—57.

度作出了明确规定。1985 年，《中共中央关于教育体制改革的决定》中明确指出，除大政方针和宏观规划由中央决定外，基础教育的管理权限，包括具体政策、制度、计划的制定和实施都属于地方，乡财政收入主要用于教育。1986 年，我国第一部《义务教育法》明确规定了在国务院领导下，由地方政府负责、分级管理、以乡镇为主的义务教育投资体制。

（三）分权分税，以乡为主（1994—2000 年）

1994 年，我国实行了分税制改革，分税制改革使得财力呈现逐级向上集中的趋势，但由于事权没有作出相应的调整，县乡两级财政压力还是很大，义务教育经费短缺的问题突出。为了解决义务教育经费不足的问题，《义务教育法》将多元筹集教育经费列为义务教育经费筹集的法制化途径。1999 年，财政部召开全国财政监督工作会议，明确提出财政监督是财政管理的重要组成部分，要把监督与管理更紧密地结合起来，逐步从监督检查型转变为监督管理型，从此，义务教育财政监督开始了从检查型监督向管理型监督的转变。2000 年，我国开始试点推行农村税费改革，农村教育费附加和教育集资被取消。这虽减轻了农民负担，理顺了农村财税体系，但是相关配套改革没有及时到位，在一定程度上造成义务教育经费的紧张。

（四）分级管理，以县为主（2001—2005 年）

为了缓解义务教育财政困境，2001 年 6 月，我国政府颁布了《关于基础教育改革与发展的决定》，明确规定义务教育实行在国务院领导下，由地方政府负责、分级管理、以县为主的财政体制。虽然农村义务教育投入"以县为主"要比"以乡为主"更有利于教育经费的保障与落实，但不少贫困县财力本身也比较紧张，难以提供充足的义务教育经费，义务教育财政仍然呈现出"吃饭财政"的特点，而没有走出教育经费紧缺的困境。2004 年，全国范围内的中小学推广实施了"一费制"，这一措施规范了学校的收费行为，有力地推动了义务教育在全国范围内，特别是在经济欠发达地区实现均衡发展。2005 年，国务院发布的《关于深化农村义务教育经费保障机制改革的通知》提出，逐步将农村义务教育全面纳入公共财政保障范围，建立起中央和地方分项目按比例分担的农村义务教育经费保障机制。

（五）省级统筹，逐步免费（2006 年至今）

2006 年，我国对《义务教育法》进行了修订，规定"实施义务教育不收学费、杂费"。当年，我国在西部地区实施了农村义务教育经费保障新机制。2007 年起，国家又对中东部地区义务教育阶段的农村学生全部免除学杂费。2008 年，我国城乡义务教育全面进入免费时代。[1] 新机制完善了"以县为主"的义务教育财政体制，不仅在很大程度上解决了义务教育中经费不足的问题，而且使得各级政府在义务教育供给方面的支出责任更加明晰，为义务教育事业改革迈向深水区奠定了坚实的基础。2010 年，党中央、国务院在《国家中长期教育改革和发展规划纲要（2010—2020 年）》中明确提出，建立城乡一体化义务教育发展机制，在财政拨款、学校建设、教师配置等方面向农村倾斜。努力缩小区域差距，加大对革命老区、民族地区、边疆地区、贫困地区义务教育的转移支付力度。2017 年，中共中央办公厅、国务院办公厅印发《关于深化教育体制机制改革的意见》，在健全教育投入机制和加强教育经费监管方面指出，要完善财政投入机制，合理划分教育领域财政事权和支出责任，明确支出责任分担方式，依法落实各级政府教育支出责任，健全各级教育预算拨款制度和投入机制，合理确定并适时提高相关拨款标准和投入水平，并要加强经费监管，确保使用规范安全，提高经费使用效益。2019 年发布的《中国教育现代化 2035》提出了完善教育现代化投入支撑体制的具体要求，并明确提出建立健全全覆盖全过程全方位的教育经费监管体系，以有效提高义务教育财政投入经费的使用成效。

---

[1] 许传军. 我国义务教育财政制度变迁路径依赖与破解[J]. 基础教育，2010，7（1）：38-41.

三、农村义务教育财政监督存在的问题

（一）义务教育财政监督机制不健全

在我国教育法律法规中，虽然有关于教育财政监督的条文，但是还不够完善。而且，这些法律法规大多是原则性的，详细的配套措施和实施细则还比较欠缺，这就不可避免地导致义务教育财政监督体制的不健全，对义务教育财政监督力度的不足。此外，还有一些因素也限制着义务教育财政监督机制合理地有效地运转，如监督技术与监督手段相对单一、监督环境相对封闭、监督机构自身建设存有缺陷等。由于义务教育财政监督机制不健全，导致对义务教育财政监督的权责不够清晰，规范性相对不足，进而可能会增加义务教育经费投入不足、不到位，或者被挤占、被挪用等风险。早在1993年，《中国教育改革和发展纲要》就明确提出要逐步提高财政性教育经费支出占GDP的比例，至20世纪末达到4%，但由于对义务教育财政投入监督的无力，这一目标直至2012年才得以实现。由义务教育财政监督体制的不健全导致的义务教育财政监督力度的不足，由此可见一斑。

（二）义务教育财政监督存在滞后性和被动性

现阶段对义务教育财政监督的内容与方式，仍以直接检查以及针对事后的教育财务会计结果进行处理为主，而缺乏事前监督和事中监督。这使义务教育财政的监督存在滞后和被动的问题。例如，对义务教育财政投入的监督往往是在年度或半年度完结后，再根据需要对义务教育财政投入到位情况进行监督。这种监督方式具有明显的滞后性和被动性，因为即便是发现了问题，也只是对既成事实的监督，而无法改变事实，因而属于一种事后监督。对义务教育财政监督的滞后性和被动性，不利于及时发现和纠正在义务教育财政运转过程中出现的问题，因而难以保障义务教育财政资金的合理高效

运转。

（三）义务教育财政监督的方式单一

义务教育财政监督方式较为单一，未能发挥其应有的整体作用。在对义务教育财政监督的过程中，人们往往只重视专门监督，而忽视一般监督和职能监督；在经常性、定期和不定期监督中，经常性监督往往不被重视；在单向监督和双向监督中，往往重视自上而下的监督，而忽视自下而上的监督，来自教育部门内部实施的监督比较多，而来自教育部门外部的监督，尤其是来自广大人民群众的监督比较少。上述情况表明，我国教育财政监督的方式不够完备，且在运作过程中不够科学，以至于不能对义务教育财政形成强有力的立体监督。

四、农村义务教育财政监督的优化策略

（一）对义务教育财政进行全程监督

教育，尤其是义务教育，是社会资源再分配的重要手段。[1] 加强对义务教育财政的监督，对于教育公平和教育均衡的实现具有重要意义。第一，加强义务教育财政预算监督。义务教育财政预算反映了某一阶段义务教育事业的发展计划和发展规模，规定了义务教育经费支出的用途和数量。强化对义务教育财政预算的监督，有助于合理配置公共资源，促进公共财政向农村义务教育倾斜，保障农村义务教育经费的来源稳定。第二，加强对义务教育财政拨款的监督。义务教育财政拨款是对义务教育经费预算的执行，只有用于义务教育的经费足额拨付到位，义务教育事业的快速发展才有可靠的保障。加强对义务教育财政拨款的监督，就应该加强事前监督、日常监督以及事后监督。第三，加强对义务教育财政支出的监督。

---

[1] 王蓉. 我国义务教育财政问题研究：回顾与展望[J]. 教育与经济，2004(4)：43-47.

加强对义务教育经费的支出监督，不但有助于保障有限的资金得到充分合理的利用，而且有利于提高农村义务教育财政资金分配与使用的安全性、规范性与有效性。第四，建立规范完善的义务教育转移支付制度。[1] 义务教育财政转移支付是上级政府给予下级政府用于义务教育事业发展的财政补贴。规范义务教育转移支付制度，有助于增加对农村地区义务教育财政的转移支付，解决地区间义务教育财政的不平衡问题。第五，加强对义务教育财政决算的监督。义务教育财政决算是对年度预算执行情况的总结，是党和国家领导决策的重要依据。加强对义务教育财政决算的监督，可以提高整个教育体系中义务教育部分的决算工作质量，为更好地编制下一年度义务教育财政预算作铺垫。

（二）引导公众舆论监督农村义务教育财政

义务教育涉及千家万户，惠及子孙后代。农村义务教育事业的发展是实现社会合理流动的重要基石。社会各界既有关心支持农村义务教育财政的义务，也有监督农村义务教育财政的权利。这是因为用于农村义务教育的资金，归根结底来源于社会，来自每一位纳税人。同时，公众舆论对义务教育财政的监督属于外部监督，有其自身的优势。一方面，他们分布面广，接触面大，信息渠道众多；另一方面，随着信息技术的飞速发展，外部对义务教育财政资金监督的障碍逐渐减少，公众舆论监督更是如鱼得水。因此，积极引导公众舆论对农村义务教育财政进行监督，可以有力促进农村义务教育财政的规范运转，确保有限的资源得到合理与高效的利用。同时，也只有农村义务教育财政完全进入公众舆论监督的视野范围，才能有力地保障农村义务教育财政的公开、透明、阳光与高效。

（三）义务教育内部财政监督主体也应成为被监督的对象

我国对教育财政监督和评价的主体主要有：各级人大，各级政府教育

---

[1] 王强. 我国义务教育财政转移支付问题及对策[J]. 教育与经济，2011(1)：37-40.

部门，各类学校、公众与舆论等。其中，各级政府教育部门及各类学校是义务教育财政监督的内部监督主体，他们在各自的职责范围内承担着不同的监督任务。加强对义务教育内部财政监督主体的监督，有助于促使其更好地履行相关职能。比如，加强对各级政府及教育相关部门的监督，有利于统筹义务教育经费，拟定义务教育拨款、义务教育基建投资的计划，促使其及时发现所辖范围内义务教育经费分配使用中的问题，并及时调整相关政策。而加强对学校的监督，则有助于其对资金进行有效合理地配置，提高资金的使用效率和效益，促使学校均衡协调发展。

（四）完善对义务教育财政违法的惩罚机制

完善对义务教育财政违法的惩罚机制，对纠正义务教育财政违法行为，维护义务教育经费使用秩序，提高对有限的经费分配使用的安全性、规范性和有效性，推动农村义务教育事业快速发展有重要作用。同时，要完善义务教育财政的监督机制，就必须完善对义务教育财政违法的惩罚机制。惩罚机制的作用在于对义务教育财政资金运转过程中出现的违背程序和原则的问题进行相应的惩罚，以杜绝此类问题再次发生。一个完善的义务教育财政监督体系，离不开强有力的财政违法制裁机制，否则，义务教育财政监督体系只是"纸老虎"，义务教育财政监督制度也将缺乏足够的约束力。[1]

---

[1] 王明露，王世忠. 制度变迁视域下的农村义务教育财政监督研究[J]. 安徽商贸职业技术学院学报(社会科学版)，2014，13(4)：43-46.

第 七 章

薄弱学校：农村义务教育高质量发展的关键环节

农村薄弱学校的存在，是城乡教育发展不平衡不充分的主要方面之一。由于农村薄弱学校发展的不充分，导致了校际发展的不平衡，而校际发展的不平衡又进一步加剧了农村薄弱学校发展不充分的困境。薄弱学校是农村义务教育高质量发展的关键环节，加大对农村薄弱学校的支持力度，实现农村薄弱学校的充分发展，打破农村薄弱学校积贫积弱的不良循环，缩小校际发展的差距，将扭转校际发展不平衡的现状，从而实现区域教育平衡充分发展的理想状态。

第 一 节

薄弱学校的研究进程与趋势

"薄弱学校"一词最早出现在 1986 年原国家教委颁发的《关于在普及初中的地方改革初中招生办法的通知》中[1]，通常是指在办学条件、师资力量和学校管理等多个方面较为薄弱，未能达到通常应有的办学标准，从而导致办学质量低、社会声誉不高、学生和家长不愿意去、缺乏发展活力的一类学校。[2] 一般认为，薄弱学校主要包括两种类型，一类是办学条件未能达到国家相关标准的学校，另一类是办学质量不达标、综合效益较差、增值度较低的学校。[3] 在深化教育事业改革发展进程中，薄弱学校是值得关注的弱势群体，尤其是"两类学校"（乡村小规模学校和乡镇寄宿制学校）更需给予足够的关照和帮扶。与此同时，我国学界也对薄弱学校的研究倾注了极大的热情，并取得了一系列丰硕的研究成果，为进一步推动我国薄弱学校建设，深化教育领域综合改革提供了政策依据。当前，薄

[1] 温小勇，刘露，李一帆. 教育信息化助力薄弱学校内生发展的研究[J]. 教学与管理，2019(36)：47-50.
[2] 王世忠，王明露. 国际经验对武陵山片区创新教育扶贫脱贫实践的启示[N]. 中国民族报，2017-7-21.
[3] 晋银峰. 我国薄弱学校改革发展三十年[J]. 课程·教材·教法，2015，35(10)：3-9.

弱学校建设处于"机遇与挑战并存，困难与希望同在"的历史时期，在推动薄弱学校全面"改薄"的同时，加强薄弱学校的学理研究，梳理和分析我国薄弱学校的研究现状，归纳目前关于薄弱学校研究的主要内容，并展望薄弱学校研究的发展趋势，有利于为缩小办学水平的校际差异，打破教育"不平衡不充分的发展"现状，努力办好人民满意的教育提供智力支持。

一、薄弱学校研究的发文趋势

在中国知网中，经初步查阅发现，1991 年洪思庆发表于《广州教育》的《薄弱学校摆脱困境的出路》一文，是国内第一篇明确以"薄弱学校"为题目的相关文献。中国知网期刊数据库中，以"主题＝薄弱学校"或"关键词＝薄弱学校"为检索条件，以"精确"为匹配类型，以"核心期刊"和"CSSCI"为期刊来源类别，其余条件不加限制，共检索到文献 677 篇，检索时间为 2020 年 1 月 2 日。对检索的文献逐一检查，在剔除重复文献，纪实类、新闻类、会议类等非学术性文献，以及与本书内容无关的文献，整理获得文献 576 篇。

如图 7-1 所示，学界对于薄弱学校的研究，在 20 世纪 90 年代中后期开始有了较大的发展，年度发文数量整体呈现上升的趋势，但是也具有一定的波动。学界关于薄弱学校的研究，与国家的政策导向或基础教育改革的热点有着密切的关联。1998 年，教育部出台的《关于加强大中城市义务教育阶段薄弱学校建设，办好义务教育阶段每一所学校的若干意见》，对薄弱学校建设提出了相关的要求。与此相呼应，学界出现了一个有关薄弱学校研究的小高峰。进入 21 世纪，我国加大了对薄弱学校建设的关注与支持力度，2001 年发布的《关于基础教育改革与发展的决定》、2005 年我国实施的农村义务教育经费保障新机制、2011 年发布的《关于实施农村义务教育薄弱学校改造计划的通知》、2013 年我国启动的被称为我国 2020 年基本实现教育现代化的"兜底工程"的全面改善贫困地区义务教育薄弱学校基本办学条件工作(简称"全面改薄")、2015 年发布的《全面改善贫困地区义务教育薄弱学校基本办学条件工作专项督导办法》等，都推动了薄弱学校建设的步伐。由此，也进一步激发了学界对薄弱学校开展研究的热情。党和国家的重视，调动了学界研究薄弱学校的热情，与薄弱学校相关的文献数量整体呈上升趋势。在党和国家的重视下，薄弱学校基本办学条件逐步改善，发展面貌也与日俱新。至2019年底，全国99.8%的义务教育学校达到"20条底线"要求，中小学(含教学点)联网率达98.4%，[1] 全国范围内的薄弱学校办学条件有了质的飞跃。在这种背景下，学界关于薄弱学校的研究热度也有所降低。

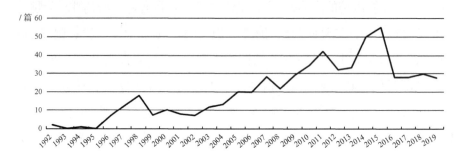

图7-1　薄弱学校相关文献发文趋势

二、薄弱学校研究的关键词共现分析

论文承载着科学研究中的创造性思想，而关键词则体现着论文的主要内容与核心思想。通过对相关文献关键词的分析，可以快速地捕获某一领域的研究热点和发展趋势，从而掌握该领域中学者共同关注的一个或多个话题。[2] 运用CiteSpace5.0软件，生成薄弱学校相关文献的关键词共现知识图谱，如图7-2所示。根据图中信息，薄弱学校、义务教育、均衡发展等节点较大，说明这些关键词出现的频率较高。关键词之间的连线表示关

---

[1] 赵秀红，梁丹. 开拓奋进 增强人民群众获得感——2019年教育改革发展取得新进展[N].中国教育报，2020-1-12.

[2] 李杰，陈超美.CiteSpace：科技文本挖掘及可视化[M].北京：首都经济贸易大学出版社，2017：27.

键词的共现情况，线条越粗表明关键词之间的联系越密切。

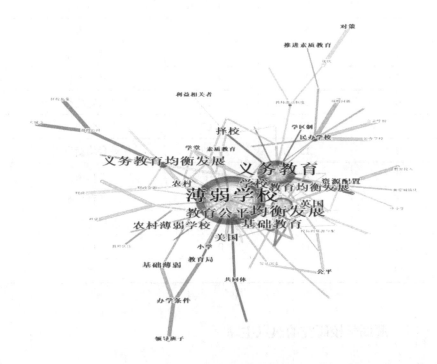

图 7-2 薄弱学校研究关键词共现知识图谱

在样本文献中，出现频次高于或等于 10 次的关键词共计 13 个。除薄弱学校这一核心关键词外，义务教育的出现频次最高，达 87 次。随后是均衡发展和教育公平，分别出现 60 次和 33 次。如表 7-1 所示。综合图 7-2 中知识节点的大小和颜色深浅，以及高频关键词，梳理出如下薄弱学校研究的相关热点：薄弱学校与教育公平、薄弱学校与教育均衡、农村薄弱学校建设、国外薄弱学校建设、薄弱学校与择校等。

表 7-1 样本文献高频关键词（频次高于或等于 10）

序号	频次	中心度	关键词
1	161	0.82	薄弱学校
2	87	0.66	义务教育

续表

序号	频次	中心度	关键词
3	60	0.18	均衡发展
4	33	0.33	教育公平
5	27	0.1	基础教育
6	24	0.22	义务教育均衡发展
7	19	0.07	学校
8	15	0.08	教育均衡发展
9	14	0.04	英国
10	13	0.09	教育均衡
11	13	0.05	农村薄弱学校
12	11	0.05	择校
13	10	0	美国

三、薄弱学校研究的热点主题

(一)薄弱学校与教育公平

秉持教育公平理念，全面改造薄弱学校的办学条件，提高薄弱学校的办学质量，是我国深化教育事业改革，实现教育现代化的进程中难以回避的现实问题。努力让每个孩子都能享有公平而有质量的教育，是党的十九大报告作出的庄重承诺。提高质量、促进公平、优化结构是"十三五"时期教育发展的基本基调。[1] 改造薄弱学校，缩小校际办学差距，是坚持教育公平发展，办人民满意的教育的必然要求。[2] 薄弱学校的建设与教育公平的实现，有着千丝万缕的内在联系。教育公平是一个动态的、发展的

[1] 朱国仁. 提高质量、促进公平、优化结构是"十三五"时期教育发展的基本基调[J]. 中国党政干部论坛，2016(2)：78-80.

[2] 王永强. 政府在薄弱学校改造中的责任担当[J]. 教学与管理，2014(15)：20-22.

概念，是社会公平在教育领域的延伸与体现。在不同的历史时期，教育公平的内涵，以及对教育公平追求的侧重点也有所不同。纵观人类教育活动的发展与变革，对教育公平的追求大致经历了起点公平、过程公平和结果公平三个阶段。中国用二十多年时间走完了发达国家一百多年的历史进程，快速实现了义务教育的普及，保证了适龄儿童接受教育的起点公平，但是，人们对于机会均等地接受优质义务教育的愿望越来越强烈。[1] 尤其是在追求公平而有质量的教育的强烈诉求中，需要重新审视已有的教育公平观，要彻底扭转以往的"效率优先"的发展实践，并转向"公平优先"的发展理念。在保证适龄儿童机会均等地接受教育后，着力改造薄弱学校，切实缩小校际差距，确保所有的学校达到基本建设标准，[2] 努力提高薄弱学校的办学条件和办学质量，促进学校走内涵式发展道路，[3] 是推动我国基础教育从"广覆盖"向"有质量"迈进的必然要求，体现了在实现教育起点公平的基础上，对教育过程公平追求的价值转变。

（二）薄弱学校与义务教育均衡

教育发展的不均衡是我国教育事业改革发展的现实难题，而薄弱学校就是在义务教育的不均衡发展过程中形成的。[4] 由于在效率与公平之间，我国一直坚持效率优先、兼顾公平的价值取向，对各教育阶段实行的内部分割和区别对待，形成了重点学校和普通学校两个世界，[5] 导致教育资源配置失衡，校际呈现非均衡的发展状态，具体体现为教育经费投入的不

---

［1］柳海民. 农村基础教育发展的拐点：由普及外延转向提升内涵[J]. 教育研究，2008(3)：33-34.

［2］第七战略专题调研组：陶西平，袁振国. 加强统筹协调 促进教育公平[J]. 教育研究，2010，31(7)：39-44.

［3］周彬. "后普九时代"教育均衡发展的政策建议[J]. 人民教育，2009(10)：8-11.

［4］吴亮奎. 为"薄弱学校"辩护：基于教育价值的思考[J]. 教育发展研究，2013，33(2)：10-14.

［5］张侃. 制度视角下的我国义务教育均衡发展[J]. 教育科学，2011(3)：1-5.

均衡、基础设施配置的不均衡、师资力量不均衡和学生发展不均衡等多个方面,[1] 并最终导致教育质量的不均衡。2012 年,《关于深入推进义务教育均衡发展的意见》明确指出,我国在区域之间、城乡之间、学校之间办学水平和教育质量还存在明显差距,并提出着力提升农村学校和薄弱学校办学水平。义务教育均衡发展是我国教育领域综合改革的重要内容,其落脚点和突破口就在于薄弱学校建设,这是办好公平优质教育的前提和基础,对缩小区域、城乡、校际、群体之间的教育差距至关重要。[2] 纵观我国义务教育均衡发展的进程,大体表现为"促两基—促均衡—基本均衡—优质均衡"的四个发展阶段。[3] 2013 年,我国启动义务教育发展基本均衡评估工作,推动薄弱学校的办学条件达到了基本标准。当前,我国开展的义务教育优质均衡评估工作,将进一步优化薄弱学校的办学条件。无论是基本均衡,还是优质均衡,关键都在于推进区域内教育资源配置的均衡化,尤其是强化薄弱学校教育资源的配置。此外,师资均衡是实现义务教育均衡的关键性要素,[4] 提升薄弱学校的师资水平,是帮助薄弱学校快速摆脱"薄弱"标签的关键所在。

(三)农村薄弱学校建设

同我国发展进程中的城乡二元社会结构相适应,我国的教育制度也形成了城乡二元的特征,在教育投资体制上形成了"城市教育"和"农村教育"的差别对待,人为拉大了城乡教育的差距。与城市薄弱学校相比,农村薄

---

[1] 王继新,吴秀圆,翟亚娟. 共同体视域下的区域基础教育均衡发展模式研究[J]. 电化教育研究,2018,39(3):12-17.

[2] 张辉蓉,盛雅琦,宋美臻. 我国义务教育均衡发展的实践困境与应对策略——以重庆市为个案[J]. 西南大学学报(社会科学版),2018,44(2):77-82,192.

[3] 吕备,姚瑶. 县域义务教育优质均衡发展的新视野——从群体均衡到个体关注[J]. 教学与管理,2019(12):31-34.

[4] 冯丽,杨挺. 教育均衡发展背景下的教师流动模式评析[J]. 中国成人教育,2011(4):86-89.

弱学校规模小、分布广、数量多，已经成为基础教育发展不平衡的重要体现。[1]《中国农村教育发展报告 2016》相关数据表明，学生数少于 100 人的农村小规模学校占农村小学总数的 55.7%。农村薄弱学校形成的原因较为复杂，大多与地处偏远地区、管理措施相对落后、教育理念较为陈旧、师资队伍整体素质偏低、骨干教师流失、[2]生源基础相对较差、优秀生源留不住、学生辍学现象严重等因素有着密切的关联。[3]虽然农村薄弱学校存在诸多的问题，但不可否认的是，它们在有效缓解国家办学压力，推动全面普及九年义务教育，满足农村适龄儿童、少年不断增长的教育需求方面，作出了突出贡献。农村薄弱学校作为一个教育主体，应具有强烈的自主发展意识。而事实上，农村薄弱学校自主发展意识不强，过于依靠外部力量，呈现出明显的"被动式"发展特征。[4]由于人们对农村薄弱学校缺少信心和信任，社会支持严重不足，致使农村薄弱学校发展日益孤岛化，学校内部氛围充满怀疑和指责。[5]为了加强农村薄弱学校建设，应改革教育投资体制，保障农村薄弱学校得到充足有效的资源分配。虽然农村薄弱学校的"改薄"进程是由政府主导的，但高校、教育科研院所和社会应积极参与其中，并努力发挥更大的作用。[6]同时，应重新思考农村薄弱学校的发展定位，关注农村学校的内涵，[7]赋予薄弱学校更多自主

[1] 刘艳芳，刘於清. 教育均衡视野下的武陵山片区农村薄弱学校建设研究[J]. 民族教育研究，2015，26(5)：57-92.

[2] 娄立志，刘文文. 农村薄弱学校骨干教师的流失与应对[J]. 教师教育研究，2016，28(2)：75-80.

[3] 郭清扬. 义务教育均衡发展与农村薄弱学校建设[J]. 华中师范大学学报(人文社会科学版)，2013，52(1)：161-168.

[4] 樊改霞，陈祖鹏. 多维视角下我国农村薄弱学校建设路径研究[J]. 教育探索，2016(3)：45-51.

[5] 鲍传友. 农村薄弱学校的信心缺失与信任重建[J]. 中国教育学刊，2017(3)：50-53.

[6] 武秀霞，高维. 我国薄弱学校改造模式探析[J]. 上海教育科研，2018(1)：53-57.

[7] 孔养涛. 农村薄弱学校成因分析及建设路径[J]. 教学与管理，2019(6)：27-29.

权。[1] 积极探索农村薄弱学校合作发展模式，将城市优质学校与农村薄弱学校"捆绑"在一起，[2] 引导名优学校对薄弱学校的帮扶，[3] 加强城市教育对农村教育的"反哺"，从而办好群众家门口的学校，重建人们对农村薄弱学校的信心，真正实现城乡教育的均衡发展。

（四）薄弱学校与择校

择校是在义务教育阶段，家长放弃适龄儿童按学区免费就近入学的优惠政策，主动选择其他学校就读的教育选择现象。[4] 自 20 世纪 90 年代以来，在我国各大中小城市普遍存在着择校的现象。虽然国家不允许在义务教育阶段择校，并采取了相关措施，但择校问题并没有得到有效的遏制，这使我国在义务教育阶段实施的就近入学、划片招生等政策受到挑战。择校之"择"在于择"优"去"薄"，[5] 许多家庭通过经济、社会、文化等资本竞逐重点学校的优质教育资源。从表面上看，择校是人们对于稀缺的优质教育资源的竞争和追求，而究其根源，优质教育资源短缺、教育资源配置失衡是导致择校问题的症结所在。在教育资源稀缺的情况下，不少地区采取了重点学校制度。重点学校是以牺牲普通学校为代价发展起来的，重点学校重点建设的政策，加剧了校际差距，使教育资源在分配上出现了严重的失衡。择校的过程表现为家庭、学校和政府之间的策略性选择与互动，在三者的博弈中，并没有绝对的赢家，而是各有得失。择校引发许多"反教育"现象，以权择校、以钱择校、以分择生等现象，加深了社会和家庭

[1] 范先佐，白正府. 比较优势确认：薄弱学校改造的重要途径[J]. 现代教育管理，2014(7)：40-44.

[2] 安晓敏，邹志辉. 区域内城乡教育一体化发展模式探析[J]. 上海教育科研，2012(6)：18-21.

[3] 袁梅. 以新发展理念引领民族地区义务教育均衡发展[J]. 教育研究，2018，39(3)：77-82.

[4] 李融. 当前中国择校问题综述[J]. 现代教育科学，2006(8)：10-12，24.

[5] 曹剑丽. 从择校现象看政策对薄弱学校摆脱困境的助力[J]. 教学与管理，2011(5)：17-18.

的教育焦虑。择校之风盛行，导致一些学校生源减少、师资流失，择校加重了学校的薄弱境况，也成为学校走出困境的严重障碍。要破解择校热的问题，改造薄弱学校是根本途径，[1] 应通过强化政府责任，加大教育投入力度，优化教育资源配置，以促进教育均衡发展。同时，通过对部分薄弱学校采取撤销、兼并、联办、改制等方式，让学校不再薄弱，从而在源头上遏制择校热现象的发生。

（五）国外薄弱学校建设

改造和消除薄弱学校，是世界各国面临的共同挑战。借鉴国外薄弱学校建设的政策和措施，将为我国薄弱学校建设提供宝贵的经验。对此学界也给予了较多的关注，并更多地是将研究目光聚焦于英美等发达国家。要改造薄弱学校，前提是要能科学地鉴别薄弱学校。而建立统一标准是鉴别薄弱学校的关键，许多国家都制定了严格的标准和程序，诸如考试成绩、毕业率、升学率、辍学率等指标，成为薄弱学校评估的依据。[2] 在对薄弱学校经费支持方面，英国与法国都通过设立"教育优先区"，力图实现薄弱学校的优先发展。美国通过一系列的法律法规扶持和改造薄弱学校，对贫困落后地区的教育进行经费支持，在全国掀起了扶持弱势群体发展教育的高潮。日本在制定的《偏僻地区教育振兴法》中，规定国家财政对所需教育经费的学校进行补贴。[3] 关注薄弱学校师资建设，促进教师资源分配的均衡化，也是世界各国普遍重视的问题。日本建立了教师交流轮岗制度，并规定都道府负责教师进修的费用，通过教师在学校间的轮换以及对教师的培训，确保贫困地区的学生可以获得更加优质的教师资源。法国对初次流动到"教育优先区"的教师给予持续三年、每年约 1.2 万法郎（1 法

[1] 郑友训. 论择校热与薄弱学校的改造[J]. 山东教育科研, 2002(10): 7-8.
[2] 励骅, 白华. 国外薄弱学校改进的有效举措探析[J]. 比较教育研究, 2009, 31(6): 52-56.
[3] 陈群. 发达国家教育精准扶贫的政策比较与借鉴——以美国、英国、法国和日本为例[J]. 当代教育科学, 2019(3): 40-46.

郎≈1.163元)的补贴。英国出台的"教师继续教育计划",将师资培训作为改造薄弱学校的关键。美国则针对部分薄弱学校,采取了更换不超过原一半教师员工的措施。在薄弱学校管理方面,英国采取了管理权转移的方式,吸引多元主体参与学校管理,借助成功经验,实现薄弱学校在学校管理、教学质量等方面的提升。[1] 美国还采取了更换学校校长,赋予校长更大的自主权等措施,提高学校的管理水平。此外,针对不同的薄弱学校,美国还采取了其他措施,包括全面开展教学改革,缩减班级规模,建设与修缮学校,重办学校甚至关闭绩效差的学校等。[2]

四、薄弱学校研究的趋势

(一)开展学者与研究机构间的深度合作

通过对我国薄弱学校的研究机构的分析,发现有关薄弱学校研究的力量主要集中在师范类院校,排前三的机构分别是北京师范大学教育学部、西南大学教育学部、南京师范大学教育科学学院,发文数量分别为15篇、12篇和11篇。也有非师范类院校和一些科研院所参与研究,如北京航空航天大学人文社会科学学院、中国教育科学研究院等。为提高研究成果质量,深化薄弱学校研究成果,也有学者和研究机构开展了合作研究。从薄弱学校研究作者的合作情况来看,学者大多是独立开展薄弱学校的相关研究,也有少部分学者开展了合作,且多以师生合作为主。总体而言,无论是学者之间的合作,还是研究机构之间的合作,研究力量都相对较为分散,研究成果的创新性难免受个人认知能力和有限理性的制约。同时,从发文情况来看,虽然我国学者在薄弱学校领域取得了可观的研究成果,但

---

[1] 蒋志明,陈怡. 中、美、英三国学校委托管理之比较研究[J]. 外国中小学教育,2009(11): 11-16.

[2] 田凌晖. 薄弱学校改造的政策及实现路径:美国的经验[J]. 上海教育科研,2007(12): 14-16.

是高质量高水平的成果还较为缺乏。从研究内容上看，一些学者的学术观点相似，研究方法相同，研究视角的新颖性和创新性还有待提高。薄弱学校改造是一个复杂的系统工程，涉及范围广、担负任务重、牵涉因素多、触及利益深、所需周期长。因此，要实现薄弱学校顺利改造，不可能仅由教育领域完成；对于薄弱学校问题的研究，也绝非教育独家之事务，必然需要其他学科持续的支持与配合。在学科高度分化且交叉融合的今天，合作开展研究已经成为知识生产的重要方式。在研究者或研究机构形成的合作网络中，信息、知识和资源等要素可以自由流动且相互传递。同时，就提升学术影响力和提高成果产出能力而言，开展合作研究要远胜于独立研究。因而，为推动薄弱学校研究的持续发展，提高学术成果的原始创新程度，应支持和鼓励学者与机构间的深度合作，实现薄弱学校研究的跨学科合作，打破学科间的壁垒，有机整合教育学、经济学、管理学、社会学、人类学、伦理学、法学等多学科的观点，运用跨学科的视角审视薄弱学校问题，通过不同领域、不同学科的交叉融合，实现取长补短和优势互补，从而为薄弱学校建设提供新的思路。

（二）审视薄弱学校与所在社区的内在关联

社区是人们社会生活的基本环境，以一定地理区域为基础。它不仅是青少年成长的重要场所，更是学校办学必须依托的重要外部环境。任何一所学校，无论是薄弱学校，抑或是优质学校，都与其所在的社区发生着天然的联系。尤其是在开放程度越来越高的社会系统中，社区在学校发展中发挥着越来越重要的影响和作用。同时，任何一所学校想要实现良好的发展，都必须依靠社区支持，[1] 根植于其所在社区的文化，必须立足和依托于当地的山水与人文，充分挖掘和利用当地的文化资源。不同的学校所开展的教育活动，都应是在教育内容、教育方式、教育手段等方面有着较

---

　　[1]　郭天成. 加强薄弱学校建设的成功之路[J]. 人民教育，1992(12)：22-23.

大区别的异质性教育。而由于一系列主客观原因，有的学校在办学中优势逐渐凸显而成为优质学校，各种稀缺资源逐渐汇集。有的学校在发展过程中积贫积弱而成为薄弱学校，师资流失、生源流失、特色缺失等问题多维交织。为提高教学质量，改善学校管理，很多薄弱学校在教学模式、教学内容以及管理理念等方面，通过模仿或借鉴优质学校，取得了良好的办学成效，少走了很多弯路。但是，薄弱学校忘却了与所在社区的内在联系，在单纯模仿优质学校的过程中逐渐迷失了自我，导致了薄弱学校与优质学校在教育内容、教育方式、教育手段上的高度同构，反过来又影响了人们对薄弱学校建设的信心，制约了薄弱学校的发展。因而，要建设好每一所薄弱学校，首先是加强其与所在社区的内在联系。学校与社区是互惠共生的统一体，薄弱学校的提升与改造，可以充分利用社区的有效资源，实现学校与社区共同发展。对学界而言，应站在历史的、现实的和未来的角度，审视薄弱学校与所在社区的内在关联，做好薄弱学校建设的理论准备，并为薄弱学校建设寻求社区支持提供充分的理论支撑，从而实现薄弱学校与所在社区的和谐共生。

（三）探寻薄弱学校的后发优势

后发优势的思想可以追溯至亚当·斯密和大卫·李嘉图的比较优势理论，而俄裔美国经济学家格申克龙率先提出后发优势的概念。关于后发优势理论前文已有论及，在此不再赘述。后发优势不能通过自身的努力来创造，而是与其相对落后性共生的，是来自落后本身的优势。因而，后发优势也常被称作为"落后得益""落后的有利性"或"落后的优势"等。[1] 从教育发展的角度看，后发优势是指落后区域在发展教育时，由于与教育相关的教育教学理念、经验、技术与制度建设等已经在发达区域存在和发展，因此落后区域不必再花费同样多的人力、财力和物力，重复探索教育改革

---

[1] 吕爱权. 后发优势理论与赶超发展战略的选择[J]. 学习与探索，2005(4)：196-199.

发展的过程，而是可以通过引进、学习的方式获得教育改革发展所需的教育教学理念、经验、技术与制度建设等，由此实现教育的快速发展。纵观世界教育发展的历史进程，依托后发优势，后进国家的教育赶上并超过先进国家的教育并不罕见。世界教育中心的转移，是对教育领域同样存在后发优势现象的充分印证。薄弱学校作为后发者，直接引进优质学校的办学经验、教育理念等，是促进其教育事业实现快速发展，乃至实现弯道超车的有效方式。同时，薄弱学校作为一个落后者，也将有更多的机会抓住多变的机遇，从而可能在未来的竞争中占有优势。虽然后发优势来自模仿，但并不排斥创新。正是由于薄弱学校可以利用后发优势，才更应该坚持主动创新，以免落入后发优势陷阱。因此，探寻薄弱学校的后发优势，明确如何将后发优势转化为薄弱学校的发展优势，如何帮助薄弱学校在利用后发优势的同时，避免落入后发优势陷阱，同样是学界未来需探讨的问题。[1]

第 二 节

乡村振兴中的农村薄弱学校

　　薄弱学校建设是一个时代课题，是保证贫困家庭儿童不输在成长的"起点"，守住"保基本"的民生底线的重要措施。为了改善农村薄弱学校的办学条件，提高农村薄弱学校的教育质量与办学活力，我国相继出台了一系列政策，采取了一系列措施支持农村薄弱学校的建设。2013年，我国启动了全面改善贫困地区义务教育薄弱学校基本办学条件工作（简称"全面改薄"）。"全面改薄"的深入推进，使一批农村薄弱学校旧貌换新颜。2017

---

　　[1] 王明露，张劲松. 薄弱学校研究：现状、热点及展望[J]. 南昌师范学院学报，2021，42(1)：71-76，103.

年，党的十九大作出的实施乡村振兴战略的重大决策部署，为农村薄弱学校的发展带来新的发展机遇。

一、农村薄弱学校建设是实现城乡教育平衡充分发展的战略举措

步入中国特色社会主义新时代，我国社会主要矛盾已经转化为人民日益增长的美好生活需要和不平衡不充分的发展之间的矛盾。在教育领域，也同样存在着发展"不平衡不充分"的问题，其本质是教育供给与适龄青少年儿童的教育需求不匹配，是教育现有发展水平难以满足人民群众对优质教育广泛性、多样性和全面性的需求。教育发展的不平衡不充分具体表现为区域教育发展的不平衡不充分、城乡教育发展的不平衡不充分以及教育结构的不平衡不充分。教育发展的不平衡不充分，包括教育的不均衡发展与教育的不充分发展两个方面，但二者并非割裂，而是相互交叉和相互影响。教育发展的不充分是教育发展不平衡的客观基础，由于教育发展的不充分，导致了教育发展的不平衡，而教育发展的不平衡又进一步加剧了教育发展的不充分。以教育发展的不充分为突破口，推动教育实现充分的发展，将实现教育整体发展的平衡。所以，教育发展的不平衡和不充分其实是一个问题的两个方面，向外看是不平衡，向内看是不充分，[1] 其核心问题聚焦于教育发展的不充分。同时，由于教育的平衡发展是相对的，而不平衡是绝对的。因而，要让所有区域的教育发展达到同一个水平，要让所有的学校达到同一个办学标准，既不现实也没必要。承认和允许差异的适度存在，允许不同区域的教育和不同层次的学校立足实际并合理定位，是教育事业在动态中实现平衡充分发展的重要思路。

城市教育与农村教育相对应，两者各有自己的办学特点和发展历程。但是由于我国历史上形成的城乡二元结构，以及长期以来的以城市为中心

---

[1] 唐永富，苟振华. 基础教育发展不平衡不充分问题解决策略初探——以四川省德阳市为例[J]. 基础教育参考，2019(4)：14-16.

的教育投入导向，导致了农村义务教育投入和政策支持的不足。因此，就城乡教育发展而言，教育发展的不平衡体现为城乡教育投入的差异所导致的城乡教育发展水平、教育质量等方面的差异。教育发展的不充分则体现为农村教育发展的不充分、优质农村教育资源供给的不充分，并聚焦于农村薄弱学校发展的不充分。由于农村学校的薄弱导致农村教育发展的不充分，造成了城乡教育发展的不平衡。实现城乡教育平衡充分的发展，应是在缩小城乡教育差距的基础上，承认和允许城乡教育差异的适度存在，针对城乡不同学校实行不同的考核评价标准，从而引导城乡学校合理定位，办出能够适应和满足不同层次需求、有针对性和适应性的教育，进而实现城乡教育的动态平衡充分发展。

农村薄弱学校建设是一个时代课题，关乎贫困地区学生的未来。积极推进农村学校"改薄"进程，通过解决农村学校发展不充分的问题，以解决城乡教育发展不平衡问题，是努力办好人民满意的教育，逐步缩小城乡教育办学水平差异，打破城乡教育"不平衡不充分的发展"现状，在整体上提升区域教育质量的有效路径。同时，也是挖掘农村地区发展潜力，增强农村地区发展后劲，缩小城乡发展差距，最终改变城乡二元结构的重要措施。在实施乡村振兴战略的时代背景中，明确乡村振兴与农村学校"改薄"的内在关联，聚焦农村学校的不充分发展的薄弱点，反思农村薄弱学校发展的短板与不足，着力推动农村教育的充分发展，促进农村薄弱学校的全面提升，是农村薄弱学校把握机遇、克服困难、应对挑战、迎接希望的重要思路。

二、乡村振兴战略与农村学校"改薄"是互惠共生的统一体

（一）乡村振兴战略的实施是农村学校"全面改薄"的重要战略机遇期

农村也可称乡村，《辞海》中指出："乡泛指城市以外的地区。"从这一点出发，农村在本质上是一个空间地域系统，是城市以外地区（农村）人口

居住、生产、生活以及进行政治、经济、文化活动的场域。然而在很长时期内，农村一直是偏远落后贫穷的代名词。在我国社会主义事业建设进程中，最艰巨、最繁重的任务在农村，但是拥有最广泛和最深厚的基础，以及最大的发展潜力和发展后劲也是农村。我国在经历四十余年的改革开放后，农村各项事业的发展取得了令世人瞩目的成就。步入中国特色社会主义新时代，我国当前最主要的不平衡不充分发展领域，就在于农村发展的相对滞后。农村事业的发展攸关国家的和谐与发展，针对农村发展的新挑战、新机遇和新趋势，2018年，我国印发了《乡村振兴战略规划（2018—2022年）》，这成为新时代历史交汇期实施乡村振兴战略的行动纲领。乡村振兴战略的提出与施行，既是对以往新农村建设思路的延续和深化，也是对新时代农村发展变化新需求的有效适应和有力回应。乡村振兴战略的内涵丰富，战略定位高瞻远瞩，紧盯时代脉搏又契合农村发展的实际。教育振兴是乡村振兴战略的重要内容之一，《乡村振兴战略规划（2018—2022年）》突出了农村教育在乡村振兴中的特殊地位和重要价值，它明确提出"优先发展农村教育事业"，要求"全面改善贫困地区义务教育薄弱学校基本办学条件，加强寄宿制学校建设，提升乡村教育质量"。总之，建好每一所农村学校，办好农村教育是实现乡村振兴的着力点。

2020年，我国小学阶段有在校生1.07亿人，其中，乡村小学在校生2450万人，占比约为22.8%；初中在校生4914万人，其中乡村初中在校生637万人，占比约为13.0%。[1] 因而，办好农村学校，是关涉教育公平的大问题。在农村教育的发展进程中，农村薄弱学校的发展不容忽视。农村薄弱学校虽然存在办学质量低、社会声誉不高、学生和家长不愿意去、缺乏发展活力等诸多问题，但我国众多农村薄弱学校在推动实现全面普及九年义务教育、全面提高农村人口素质、培养新型农民方面作出了重要贡献。现如今，我国教育投入已经进入"后4%时代"，随着农村义务教育薄

---

[1] 数据来源：教育部2020年教育统计数据。

弱学校改造计划、农村初中改造工程等一系列教育重大工程项目的实施，尤其是随着义务教育均衡发展的深入推进，农村学校的硬件设施早已今非昔比。但是，农村学校除了面临师资流失的老问题之外，还面临着生源流失、特色缺失、教师结构性缺编等新问题。我国从北到南、从东到西都不同程度地存在农村学校空心化的现象，只有一两个学生的农村教学点也并不罕见。截至 2017 年底，全国农村小规模学校共计 10.7 万所，其中，小学 2.7 万所，教学点 8 万个，占农村小学和教学点总数的 44.4%；在校生有 384.7 万人，占农村小学生总数的 5.8%。[1] 在生源短缺的情况下，农村学校的生存与发展也越发艰难。农村学校是中国教育的神经末梢，振兴乡村教育，就必须给予农村薄弱学校建设以足够的关照。

作为聚焦贫困地区义务教育发展，保障教育公平的重要战略决策，"全面改薄"又被称为我国 2020 年基本实现教育现代化的"兜底工程"。[2] 2014—2016 年，中央财政已累计投入专项资金 978 亿元，带动地方投入 2300 多亿元。2017 年安排 358 亿元专项资金，带动地方投入 700 多亿元。党的十八大以来，有 10.8 万所义务教育薄弱学校的办学条件得到有效改善。至 2019 年底，全国 99.8% 的义务教育学校达到"20 条底线"要求，中小学（含教学点）联网率达 98.4%。[3] 真正实现了最好的建筑在学校，最美的风景在校园。在国家全面实施乡村振兴战略的号角声中，应正视我国基础教育发展水平的城乡差距，通过实施农村学校"全面改薄"，以改变"城市挤、乡镇弱、农村空"的教育现状，彻底扭转"城市—农村"在基础教育领域中"中心—边缘"的地位与关系。在推进农村各项事业的改革与发展的进程中，坚持农村教育事业的优先发展，正视农村薄弱学校的发展痛点，大刀阔斧地改革农村薄弱学校发展的难点，补足农村薄弱学校发展的

---

[1]　振兴乡村教育从办好"两类学校"做起[EB/OL]. http：//www. moe. gov. cn/jyb-xwfb/xw-fbh/moe_ 2069/xwfbn_ 20180511/mtbd/201805/t20180514_ 335883. html.

[2]　杨于泽. 将"全面改薄"的责任层层压实[N]. 长江日报，2015-12-19.

[3]　赵秀红，梁丹. 开拓奋进 增强人民群众获得感[N]. 中国教育报，2020-1-12.

历史欠账，补齐农村薄弱学校发展的短板，改善农村薄弱学校的办学条件，不断实现农村教育的"提档加速"，从而实现持续开发农村地区人力资源，实现乡村产业兴旺、生态宜居、乡风文明、治理有效、生活富裕的美好愿景。

（二）农村学校改薄是塑造文明乡风、培育乡土人才的重要措施

农村的发展系于教育，扎实有效地落实乡村振兴战略，必须坚持把优先发展教育作为推动乡村振兴战略的先手棋，将农村学校全面改薄作为农村教育发展的先手棋，[1] 这是激发乡村振兴内生动力的关键所在。一方面，实施乡村振兴战略，是我国为了适应新时代中国特色社会主义的建设需要所作出的具有重要战略意义的伟大决策。但乡村振兴并不只是一个经济上的概念，它更包含了乡土的意蕴。"乡"包含了个体生长的地方或祖籍的含义，因而明确了地缘和血缘的范围，它是在客观历史条件下所形成的，具有鲜明的地域特点；"土"具有本地的、地方性的含义，指明了人类在这一社会形态下赖以维持和延续的生存方式，是历史、人文生产、意识形态的见证。[2] "中国文化以乡村为本，以乡村为重，所以中国文化的根就是乡村。"[3] 纵观中华民族的历史发展，其传统文化的根基建立在传统农耕文明的基础上，[4] 深厚的农耕文明孕育着厚重的乡土文化，它是人们在千百年来辛勤劳作的过程中，积淀生成的一种生活方式。乡土文化是中国农村社会在千百年的历史发展中，形成并反映农村社会生活面貌的工

[1] 安雪慧. 乡村教育是乡村振兴战略的先手棋[N]. 中国经济时报，2018-10-10.

[2] 王小红，王倩. 乡土文化的传承：乡村振兴战略下乡村学校的新使命[J]. 西华师范大学学报（哲学社会科学版），2018（4）：92-97.

[3] 中国文化书院学术委员会. 梁漱溟全集（第1卷）[M]. 济南：山东人民出版社，2005：612-613.

[4] 卢渊，李颖，宋攀. 乡土文化在"美丽乡村"建设中的保护与传承[J]. 西北农林科技大学学报（社会科学版），2016，16（3）：69-74.

艺技艺、习俗规范和价值思想等的统称，[1] 具有物质与精神的双重性、个性与共性的双重性、保护与创新的双重性等特征。乡土文化是形成农村认同感和归属感、感召力和凝聚力的重要途径，是维系农村社会稳定，促进农村社会发展的关键因素，它直接或间接地展现着农村形象、传统特色以及经济活力。[2] 审视农村地区的建设发展，重视乡土文化的积淀与传承，是建设秀美乡村，塑造文明乡风，实现农村兴旺的必然选择。在实施乡村振兴战略的背景下，农村学校与乡土文化的天然联系也更加紧密。撇开乡土文化，就无法理解农村学校；而撇开农村学校，乡土文化也无法生存。农村学校的教育功能不只局限于传递主流社会所认可的普适性知识，更重要的是要实现对优秀乡土文化的积淀和传承，包括乡土风俗、乡土民情、乡土地理、乡土历史、乡土经济、乡土特产等厚重的乡土文化，都应成为农村教育发展依托的资源。乡土文化中所蕴含的一系列价值规范，如勤俭节约、重义轻利、仁爱互助、忠义孝悌、家国相依等，[3] 都应成为农村学校在教育教学中渗透和传承的重要内容。同时，应对农村学校赋权增能，引导农村学校深入挖掘优秀乡土文化，在把握时代脉搏的基础上实现创造性转化和创新性发展，使传统的乡土文化焕发出全新的时代气息，从而使农村教育真正肩负起提高农村群众对乡土文化的认同，使农村学校真正成为乡村振兴战略中实现乡风文明的重要抓手。

另一方面，乡村振兴的本质，可以概括为农村的现代化，其实施路径在于对农村社会经济的全面重构。要全面重构农村经济社会，实现农村的可持续发展，就必须要解决好农村生产要素流动的问题。其中，积极培育乡土人才，实现农村人才振兴，破解农村发展的人才瓶颈，强化农村振兴

---

[1]　曲延春，宋格. 乡村振兴战略下的乡土文化传承论析[J]. 理论导刊，2019（12）：110-115.

[2]　王明露. 城乡义务教育质量标准差异研究——基于地方性知识的视角[J]. 教师教育学报，2018，5（2）：45-52.

[3]　高维. 乡土文化教育：乡风文明发展根基[J]. 教育研究，2018（7）：87.

的人才支撑和智力支持，实现农村发展中劳动力要素的更新和聚集，是乡村振兴不可或缺的重要前提。而要实现农村人力资本的开发和人才资源的聚集，实现农村人才从流动向稳定转变，从对农村的陌生向熟悉转变，则取决于农村教育事业的改革与发展，落脚于农村学校的建设与发展。著名教育家陶行知先生也曾指出，"乡村教育是立国之大本""人民贫，非教育莫与富之；人民愚，非教育莫与智之"。农民素质高低，决定了实施乡村振兴战略的成败。农村教育事业的发展在提升农村人口整体素质，培养造就有文化、懂技术、会经营的新型农民，以及全面建成小康社会的过程中，具有基础性、先导性和全局性的重要作用。我国是一个农业大国，城镇化的进程越是加快，乡村教育就越是要加强。[1] 但长期以来，农村地区之所以成为各项事业发展的短板所在，归根结底还是由于人力资本的匮乏和人才资源的缺失。人力资本的积累与提升，是提高劳动生产率进而推动经济增长的重要源泉。而农村人才"向城而居"，广袤乡村成为人才的"洼地"，[2] 人力资本和智力资源的流失，造成了农村发展的失血和贫血。因此，对于农村发展而言，农村学校不但承载着传播知识、塑造文明乡风的功能，还肩负着为农村现代化建设提供乡土人才支撑的历史重任。真正培养出一批懂乡土、爱乡土、愿为乡土建设而付出努力的乡土型人才，使回归乡土、扎根农村成为每个"离雁"心中共同的期盼，是乡村振兴真正实现聚天下英才而用的重要思路。

---

［1］ 钟焦平. 乡村振兴必先振兴乡村教育［N］. 中国教育报，2019-3-11.

［2］ 董丽娟. 乡村振兴教育先行［J］. 文化学刊，2018(11)：134-136.

第三节

农村薄弱学校的日渐式微与建设策略

在乡村振兴战略实施的宏观背景下，加快农村学校"改薄"进程，实现乡村教育振兴，更能凸显出乡土文化的重要价值和内在意蕴。唯有实现优秀乡土文化的传承与创新，方能为乡村振兴提供源源不竭的精神动力和智力支持。只有实现农村学校的"全面改薄"，才能有效激发乡土文化传承与创新的内在动力，为乡村振兴提供文明乡风的精神保障。厘清农村薄弱学校建设与乡村振兴内在逻辑关联，有利于解决农村薄弱学校发展的困难，为明确农村薄弱学校"改薄"的路径奠定基础。

一、农村薄弱学校发展的日渐式微

（一）城市文化下乡，忽略农村的地方性知识

农村教育的改革发展，是一个政府主导、多元主体参与的过程。采取政府主导、多元主体参与的多元共治理念，可以为农村学校建设争取更多的教育资源，快速推进农村学校的建设进程，这是我国实现城乡教育均衡发展的宝贵经验。但不可否认的是，在"帮扶思路"下借助外力推动农村学校发展，也在无意中推动了城市文化下乡。无论是农村教师的职前培养和职后进修，还是校长教师的轮岗交流，乃至借助于现代教育技术实施的网络同步课堂，无一不渗透着城市文化的优越感和浓重的城市文化导向，体现着城市文化的知识霸权。然而，农村学校扎根于农村社区，在千百年的发展历程中，生活在一定农村社区内的人群，通过体力和脑力劳动创造出的乡土文化，是具有本土特征的地方性知识。农村社区是历史的、自然的和人文的生活空间，它在发展中形成的地方性知识体现出文化的差异性，

具有鲜明的地域特色和独特的价值。生活在农村社区中的每一个个体，总是与地方性知识有着天然的内在联系，它影响着人们对于教育的态度、投资教育的信心，以及农村学校教育的方式和教学的内容。反过来，从地方性知识中汲取营养而获取生命力的农村学校，也在不断进行着农村社区文化的传播、传承和再生产，从而实现农村社会关系的维系和发展。由于社会的无意，农村教育在得到帮助和获得发展的同时，也被动地接受着以城市为中心的"主流"文化，农村学校在城乡教育的互动交流中得不到应有的话语权，而只能简单机械地接受现成知识，接受外部的帮扶和约束。

（二）模仿城市学校，忘却乡土特色

提高农村学校的办学质量与效益，是每一所农村学校的不懈追求。随着义务教育均衡发展国检工作的开展，农村学校的办学条件有了极大的改善，相当一部分农村学校办学的硬件设施不逊于城市学校，城乡之间办学条件的差距也在逐渐缩小。同时，为提高教学质量，改善学校管理，很多农村学校在教学模式、教学内容以及管理理念等方面，通过模仿或"克隆"城市学校，借鉴其先进的发展经验和办学理念，取得了良好的办学成效，少走了很多弯路。但是，农村学校在模仿城市学校的过程中，忘却了农村学校与农村社区的内在联系，未能很好地立足和依托于当地的山水和人文，也未能充分挖掘和利用本土文化资源。因而，农村学校在单纯模仿城市学校的过程中逐渐迷失了自我，未能有效实现乡土文化的积淀、传承和发展，也未能很好地培育新生一代对农村的认同感和归属感。乡土文化逐渐被城市文化吞噬，也逐渐遭到人们的"集体性遗忘"，农村儿童也失去了更多与自然、土地接触的机会。在加速推进城镇化的进程中，对于农村情感的逐渐冷淡，对农村文化信仰的逐渐减弱，以及对城市现代生活的向往，使人们"离农""离乡"的情感倾向日益高涨，不断加快着农村人口的"逃离"和农村社区衰落的步伐，这又反过来制约着农村学校的发展。总之，立足于乡土而无视和游离于乡土文化，很难办出农村学校自身的特色。在城强乡弱的教育格局下，农村学校在缺乏创新的模仿过程中积贫积弱，只能扮演弱者和跟随者的角色，优秀的师资与优质的生源仍然难以留住，城强乡弱的教育格局依旧延续。

（三）缺乏乡土文化认同，师资建设困难多维交织

教师职业是人类最古老的职业之一，教师是履行教育教学职责的专业技术人员，是年轻一代的培育者。对于农村教育而言，教师不仅肩负着塑造灵魂、塑造生命、塑造人的神圣使命，而且承担着乡土文化传承、培育新型农民的重要任务。但是，从当前农村教师职前培养和职后培训的课程体系来看，无论是理论教学环节，还是实践育人过程，都未能实现乡土文化的有效融入。一方面，理论教学环节体现出浓重的学科导向色彩，不同学科的知识边界明显，跨学科知识的融合困难突出，教师知识体系较为狭窄，乡土文化的融入空间有限；另一方面，实践育人环节也多以城市学校为主，体现出浓重的城市色彩，而鲜少在农村学校见习和实习。由此培养的教师，熟悉的是城市学校的教育教学模式，向往和期待的是城市的生活方式，而难以具备亲和乡土的人文素养以及乐教农村的教育情怀。对城市学校单科教学模式的适应，使其难以适应农村教育跨学科教学的任务；对乡土文化的疏远和对城市生活的向往，导致农村教师流失问题突出。2011—2015 年，全国招聘特岗教师 32.5 万名，中央累计投入经费 220 多亿元。然而，2010 年至 2013 年间，全国乡村教师数量由 472.95 万降为330.45 万，乡村教师流失人数达 142.5 万，流失率达 30%。农村学校教师整体呈现出自主、单向、无序的流动特征，"人往高处走"的单向、上位流动趋势明显。同时，农村学校的中青年骨干教师为寻求好的工作环境和发展机会而不断流动，坚守在农村学校的大多数是学历偏低或年龄较大的教师，故而导致农村学校师资流失、师资队伍素质不高、教师队伍老龄化等问题交织在一起。

（四）城乡教育高度同构，农村生源流失加剧

农村地区学校的生源流失，是一个全国性的教育问题，主要包括两种类型：辍学和转学。随着九年义务教育的全面普及，农村学校学生辍学的问题已不再凸显。因而在现阶段，生源流失主要是指农村学生转学，其总体趋势是农村学校的学生向乡镇学校或县城学校转学，乡镇学校的学生往县城学校转学。不可否认，农村生源的流失，与城镇化进程的加快，生育政策和生育观念的改变，以及农村劳动力携带子女进城务工等诸多因素有着密切的关联。[1] 如2020年，义务教育阶段在校生中进城务工人员随迁子女1429.73万人。其中，在小学就读1034.86万人，在初中就读394.88万人。[2] 但是，农村教育与城市教育在教育内容、教育方式、教育手段上的高度同构，也是加剧农村生源流入城市的一个重要原因。城乡教育本应是根植于城乡不同文化，适应城乡生产生活方式的教育，城乡教育的教育目的可以相同，但是应在教育内容、教育方式等方面有差异。随着教育标准化进程的推进，城乡教育同构化的程度越来越高。城乡教育的高度同构，在一定程度上推进了基础教育的普及与均衡发展。但是，在教育标准化的进程中，农村教育未能立足和挖掘农村本土的文化资源，造成农村教育中乡土文化资源的缺失，导致城乡教育内容的高度趋同。同时，农村教育未能引起农村适龄儿童对乡土文化的有效感知和基本兴趣，不但从根本上加剧了乡土文化传承的困境，而且导致农村人口对农村教育信心的缺失。同时，城市学校又不断地从农村学校"抽血"，将农村学校的优质生源引入城市学校，导致农村学校难出人才。缺乏优秀生源和优秀毕业生的引领和示范，农村学校原本已狭小的生存空间不断被挤压。

---

[1] 丁万录，肖建平，窦艳玲. 西北民族地区农村学校生源流失问题探析——以宁夏西吉县的调查点为例[J]. 民族教育研究，2013，24（4）：66-74.

[2] 2020年全国教育事业发展统计公报[EB/OL]. http：//www. moe. gov. cn/jyb_ sjzl/sjzl _ fztjgb/202108/t20210827_ 555004. html.

二、农村薄弱学校建设的策略

（一）文化自信：做好农村教育的理论准备

思想是行动的指南，理论是行动的先导。要振兴乡村教育，建设好每一所农村薄弱学校，首先应该坚持农村教育的文化自信，做好农村教育发展的理论准备。在城乡教育的交锋中，农村教育的退败和边缘化、农村学校的薄弱和失语应归根于农村教育理论发展的不足和文化自信的缺失。城市和农村是相对应的聚落形式，纵观人类社会的发展演变历程，在农业社会，城市并不具有突出的生产功能，而是表现为一种初级的消费性功能，更多的是呈现出农村附庸的状态。而始于十八世纪的工业革命，彻底改变了城乡的地位和功能，使城市逐渐从边缘走向中心，农村则逐渐被边缘化。伴随着城市化的进程，传统的"乡村社会"逐渐被现代的"城市社会"所代替，并成为世界的主宰。人类创造了城市，并将城市作为权力的中心，在城市与农村发展博弈的过程中，城市总是牢牢占据舆论和价值的制高点。人类几乎将一切权力赋予城市，将一切资源配给城市，城市文化成为先进文化的代名词，城市优先被视为理所当然。人们甚至将城市教育视为正宗，而将农村教育视为另类，农村教育似乎只有复制城市教育才能寻求生存、获得发展。农村教育没有能够稳稳地立足于乡土文化，汲取乡土文化的营养，不能在理论上阐明自己的先进性和存在的正当性，这才是导致全球范围内的农村教育，在与城市教育博弈中落败的根本原因。[1] 虽然农村教育现在是服务于弱者的教育，但并不等同于农村教育是"弱质"教育；农村教育虽是处于社会底层的教育，但并不是"底端"教育。因而，要实现农村教育事业的发展，不仅应在继续加大对农村教育投资力度，坚持和完善农村教育发展的配套政策支持的基础上，还必须站在历史的、现实

---

[1] 振兴乡村教育的理论准备[EB/OL]. http：//www. sohu. com/a/238100583_ 387107.

的和未来的角度，明确农村教育的定位，审视农村教育的价值，实现农村教育理论的创新，重拾农村教育发展的文化自信。

（二）文化自觉：引进全科教师，提升乡土认同

在当前语境下，全科教师即农村全科型小学教师。全科不是指对所有学科知识都能够系统地掌握，而是指知识面相对较广、知识体系相对完整。[1] 从农村教育发展的现实境况来看，农村学校教师跨学科、跨年级教学是较为常见的现象，培养小学全科教师是因为农村学校教师队伍结构性缺编，是无奈的权宜之计。然而，从农村教育的目的，以及小学课程知识内容与结构的角度来看，培养小学全科教师则契合了教育事业的改革发展，以及培养全面发展的人的趋势。一方面，农村教育是为每一个学生今后可持续发展以及终身学习打下基础的教育，因而课程的内容与要求，应该是基础的、有限的和具有发展性的。农村教育传授知识的广而浅，使得将师范生培养成全科教师成为可能。另一方面，知识是一个整体，不同领域的知识是有联系的，当前的分科教学尊重了知识的逻辑体系，提高了教学的效率，但人为地将知识割裂开来，打破了学科间的联系。从知识整合、学生掌握知识的全面性看，培养小学全科教师，是培育学生核心素养，培养合格国家公民的重要措施。此外，要确保农村教师从"短期引进"转向"长期使用"，引导农村教师从"临时落脚"到"永久扎根"，让农村教师从"适应水土"到"落地生根"进而"开花结果"[2]，除了持续改善农村学校的工作生活环境，在酬劳分配和人事制度上给予相应倾斜外，还应树立起农村教师对乡土文化的自觉与自信。在教师的职前教育课程体系和职后继续教育培养体系中，积极探索教师教育培养模式的改革，注重乡土文化的融入与整合，增加他们对农村的认知和体验，拓展他们关于农村的眼界

---

[1] 田振华. 小学全科教师的内涵、价值及培养路径[J]. 教育评论，2015(4)：83-85.
[2] 沈荣华. 中国特色人才理论的发展与创新[N]. 中国组织人事报，2018-3-14.

与见识，引导农村教师了解农村、热爱农村，提升对乡土文化的认同。同时，在推进城乡教育一体化的进程中，注重提高农村教师的话语权，珍视农村教师的教育经验，让城乡教师在交流中形成平等互惠的对话关系，从而确保农村教师愿意扎根农村教育事业。

（三）文化自强：立足乡土文化，实现各美其美

特色发展是学校发展的基本趋势，特色发展不仅是丰富学校内涵、提升学校品位、实现学校持续改进的重要策略，也是促进义务教育均衡发展，提高农村学校教育质量的重要路径。[1] 鼓励和提倡学校特色发展，其实质是要在确保学校办学达到基本要求、尊重学校发展共性的基础上充分彰显个性，积极提倡和鼓励多元，最终达到共性与个性、一元与多元的和谐统一。城乡学校都担任着培育学生核心素养，造就合格国家公民的历史重任，这是城乡学校发展的共性。但农村教育毕竟与城市教育不同，应是一种有着自身办学特点的异质性教育。这种异质性体现在学校办学的多个方面，如教育环境的异质性、教育内容的异质性、教育文化甚至包括教学方法与方式的异质性。应承认和尊重差异，区别发展，允许和承认城乡学校在不同的领域凝练和彰显办学特色，而不是用同一个标准去衡量所有学校。这不但是对教育民主化的有力印证，同时也是教育进步的重要体现。乡土文化存在于农村生活的世界里，浸润着农村人口的思维，影响着农村人口的生产劳作和生活习惯。乡土文化既是农村学校办学资源的重要来源，同时也是农村学校办出特色的重要依托。乡土文化是农村学校建设的丰富宝库，乡土文化中大量的民间故事、民间传说、历史故事、历史人物、名胜古迹等等，为打造农村特色学校提供了丰富的资源。对于农村学校而言，实施与一方水土相联系的在地化教育，是农村教育实现现代化转

---

[1]　范涌峰. 论基于核心素养的学校特色发展[J]. 教育科学研究，2018(1)：53-58.

型的可行路径。[1] 因此，在政府主导多元参与的农村学校"改薄"进程中，政府应进一步简政放权，尊重农村学校的办学规律，充分激发和调动学生、教师、家长，以及社会专业性组织等多元权利主体参与农村学校特色建设，在确保农村薄弱学校办学条件"硬实力"稳步提升的基础上，也保障其办学特色等"软实力"的及时跟进。不断引导农村学校的办学理念和教育模式从模仿城市走向自主发展，充分挖掘和利用乡土文化资源，将其办学特色的生命力根植于乡土文化的肥沃土壤，最终实现城乡学校办学各美其美的理想境地。

[1] 邬志辉，张培. 农村学校校长在地化教育领导力的逻辑旨归[J]. 教育研究，2020，41（11）：126-134.

教师和留守儿童：农村义务教育高质量发展的重点群体

对于农村义务教育质量问题的关注，必然绕不开农村教师和农村留守儿童这两个重点群体。农村教师队伍建设水平的高低，直接决定着农村义务教育质量办学水平的高低。农村留守儿童是学校教育中的特殊群体，留守儿童的义务教育质量问题同样值得关注。

第 一 节

教师流动与农村教育发展

教师是教育发展的第一资源，是全面提升农村义务教育质量的关键要素。在城乡学校之间的发展差距中，师资差距较为突出。引导教师在区域教育系统中实现合理的流动，使教师由固定的"学校人"变成流动的"系统人"，是缩小校际差距、推动农村教育发展的重要思路。

一、教师流动与农村教育事业改革发展相辅相成

振兴民族的希望在教育，振兴教育的希望在教师。这是我国教育事业改革发展的经验总结，也是时代发展的客观要求。教师是社会专业技术人员，是人力资源中有着较高层次的知识与技能，并且能够进行创造性劳动的一类特殊群体。和其他人才一样，追求良好的工作环境、生活条件、较高的收入、能力的提升以及自我价值的实现，是教师在流动过程中普遍存在着的强烈诉求。作为一种宝贵的人才资源，教师流动是社会主义市场经济深入发展，以及深化教育领域综合改革的必然结果，是建成开放高效、充满生机活力的教育体系的内在要求。时代的变迁、社会的转型以及教育机制体制改革，开启了教师自由流动的生动局面。反过来，教师的自由流动，也成为检验社会发展进步和教育机制体制活力的重要指标，为推动教育领域综合改革迈向深水区注入了强大的动力和生机。鼓励和推动教师的

合理有序流动，是时代进步和社会发展的重要体现，符合现代化社会发展的客观规律。

教师流动是根据社会经济发展的要求或者教师个人发展的需要，教师资源在教育与其他行业之间，在教育系统内部不同学校、不同地域之间进行重新配置的过程，[1] 是教师从一种工作状态到另一种工作状态的变化。教师流动从不同的角度可划分出不同的类型。根据教师流动方向的不同，可以将教师流动划分为教育系统内的流动以及教育系统外的流动，或者称之为职业内流动和职业间流动。前者是指教师并没有离开教育系统，只是从所任教的地区、部门、学校流动到另一个地区、部门、学校；而后者则是指教师已经离开教师岗位，转而从事其他职业。[2] 教师流动作为人才流动的一个类型，教师的个人择业必然按照市场经济下的价值规律作出选择，在流动中谋求发展，向能够最大程度实现自身价值的领域和组织流动。同时，教师的流动，是教师和学校双向选择的结果。作为在学校之间、区域之间的一种动态的交流形式，教师流动本身就是一个优胜劣汰的筛选过程，是对教师资源的重新配置方式。一方面，学校通过市场机制，采取优胜劣汰的方法选拔优秀人才，实现教师队伍的更新和充实；另一方面，学校通过对教师的考核，淘汰不合格不称职的教师，从而实现对师资队伍的及时调整，保持教师队伍的生机与活力。因此，促进教师的合理有序流动，是优化教师人才资源配置的一种重要手段，有利于深化经济制度和人事制度的双重改革。

习近平总书记在全国组织工作会议上指出，"我们要树立强烈的人才意识，寻觅人才求贤若渴，发现人才如获至宝，举荐人才不拘一格，使用

---

[1]　肖庆业. 中部地区农村小学教师流动意愿调查与统计分析[J]. 教学与管理，2018(30)：21-24.

[2]　彭礼，周益霞. 30年来农村教师流动研究综述[J]. 当代教育理论与实践，2011，3(6)：27-30.

人才各尽其能"。[1] 在党的二十大报告中，习近平总书记强调，"人才是第一资源"，要"聚天下英才而用之"。这一重要论述深刻阐述了树立人才意识的极端重要性，也是正确认识农村教师流动现象，切实做好教师人才工作的重要行动指针。随着社会的进步和教育的发展，教师流动不可避免也不容回避，教师流动是绝对的，教师队伍的稳定只能是相对稳定，是教师人才流动的动态稳定。教师流动与农村教育事业改革发展相辅相成，引导农村地区教师队伍在流动中保持动态平衡，是实现农村地区教师资源的优化配置，保持农村教师队伍的活力，促进农村教师的专业发展，推进基础教育均衡发展的必然要求。

二、引导教师合理有序双向流动是深化农村教育事业改革发展的题中之义

农村教师是指工作在县级城市以下的农村地区的中小学教师。在我国广袤的土地上，无数村落如繁星散布。其中许多，或囿于深山，或立于孤岛，交通不便，人口稀疏。但正是在这些偏远的角落，一代又一代的农村教师，用奉献突破了地理隔离的藩篱，用坚守点亮了农村孩子的希望。广大农村教师为我国农村教育事业的发展，为农村适龄儿童机会均等地接受教育，作出了突出贡献。可以说，农村教育发展的关键系于教师，农村学校教学质量，农村面貌的改观，农村人力资源开发的程度，以及乡村振兴战略的落实与推进，都在一定程度上取决于农村教师队伍的建设水平。引导农村教师合理有序地流动，在流动的过程中实现教师人尽其才，才尽其用，保障每一个农村适龄儿童都能接受优质的教育，是农村教育改革发展的重要任务。

教育的主体是教师，教育的发展在人才。合理的教师流动，是在充分

---

[1] 杨桂华. 深刻理解习近平总书记的人才观[EB/OL]. http：//theory. people. com. cn/n/2014/0623/c40531-25184677. html.

考虑教育发展现状，以及城乡之间和学校之间办学差距的基础上，从实际出发进行的流动。有序的教师流动，是指教师流动能遵循一定的规程、规则和要求，而非盲目、混乱、不受任何约束、完全放任自流式的流动。双向的教师流动是以教育均衡为目的，以教育行政手段为干预，不同地区或学校间教师以互通有无、互相学习、共同发展为追求的流动。[1] 合理有序的农村教师流动应是双向的、良性的流动，是有利于实现区域、城乡和学校间教师资源均衡配置的流动。而单向的，只有流出而没有补充的无序教师流动，则导致了教师资源的流失，加剧了教师资源在时间和空间上配置的不均衡，造成强校越强、弱校越弱的马太效应。[2] 为引导农村教师合理有序地双向流动，我国相继出台了一系列政策。2014 年，我国出台的《关于推进县（区）域内义务教育学校校长教师交流轮岗的意见》，对义务教育教师流动作出了政策引导和顶层设计。2015 年，我国在发布的《乡村教师支持计划（2015—2020 年）》中明确提出，推动城镇优秀教师向乡村学校流动，同时提出采取有效措施保持乡村优秀教师相对稳定。2018 年，我国出台的《关于全面深化新时代教师队伍建设改革的意见》，明确提出优化义务教育学校教师资源配置，实行义务教育教师"县管校聘"，深入推进县域内义务教育学校教师、校长交流轮岗，实行教师聘期制、校长任期制管理，推动城镇优秀教师、校长向乡村学校、薄弱学校流动。2019 年，我国发布了《中国教育现代化 2035》，作为面向未来谋划我国教育现代化发展愿景的重要纲领性文件，其明确提出加大教职工统筹配置和跨区域调整力度，切实解决教师结构性、阶段性、区域性短缺问题。

　　我国对农村教师的流动问题给予了高度关注，并通过 系列政策，提升农村教师的社会地位和职业吸引力，理顺教师的流动机制，从而加强农村教师队伍建设。但是，受到教育系统各要素以及政府部门、学校、教师

---

　　[1]　谢延龙. 教师流动论[M]. 南京：南京师范大学出版社，2016：27.
　　[2]　刘义兵，屠明将. 论少数民族地区农村义务教育教师流动的困境与出路[J]. 教师教育学报，2016，3(6)：15-23.

等主体的主客观因素影响，教师流动政策的实施出现了执行活动及结果偏离原有政策预期目标的失真行为。[1] 同时，由于城乡经济社会文化发展水平的差异，教育资源配置的失衡，导致农村学校存在办学条件差，生源流失严重，农村教师生活环境和状态、职业成就感和幸福感等方面不理想等问题。因而，在农村教育事业发展的进程中，"下不去""留不住""教不好"的问题，依然是农村地区教育精准扶贫中亟待解决的突出问题。在深化教育领域综合改革进程中，如何破解农村教师队伍建设的困境，引导农村教师的合理有序流动，实现城乡教师资源的均衡配置，从而打造一支师德高尚、业务精湛、结构合理、充满活力的高素质专业化的农村教师队伍，业已成为持续深化农村教育事业改革，推进农村教育事业发展进程中需要注意的重要课题。

第 二 节

农村义务教育教师流动的现状调查

引导农村义务教育教师的合理流动，是深化农村义务教育事业改革，实现农村义务教育提质增效的重要措施。笔者基于罗霄山片区 Y 县教师流动现状的调查，梳理农村义务教育教师流动的主要特点和问题，探索引导农村义务教育教师合理流动的路径。

一、Y 县教育发展概况

Y 县是井冈山革命根据地的重要组成部分，全县总人口 52 万，其中农村人口 42.3 万，全县国土面积 2195 平方公里。Y 县历史文化悠久，东汉时期建县，至今已有 1800 余年的历史。2018 年，Y 县正式脱贫"摘帽"，

---

[1] 徐刘杰. 我国教师流动政策研究的知识图谱分析[J]. 数字教育，2018，4(6)：7-12.

退出贫困县序列。2021 年，全县 GDP134 亿元，较上一年度增长 9.6%，城乡居民人均可支配收入分别达 30607 元和 14166 元，分别增长 8.3% 和 11.5%。截至 2021 年底，全县共有初中生 21443 人，小学生 37168 人，全县共有小学 116 所（其中 50 人以下教学点 37 个），初中 18 所，九年一贯制学校 8 所，十二年一贯制学校 1 所（民办），完全中学 1 所，高中 2 所，中专 1 所，特殊教育学校 1 所。

在国家政策的大力支持下，Y 县高度重视农村教育事业的发展，并提高了对农村教育事业的投入力度。近年来，Y 县投入逾 3 亿元用于校园基础设施建设，其中农村学校约占七成。此外，Y 县投资 8000 余万元，按国家标准对全县义务教育学校配齐教学仪器设备。截至 2018 年 7 月，109 套音体美器材、763 台教学一体机、4111 台计算机设备、约 61 万册图书等全部到位。同时，Y 县在全省率先实施了"省特级教师""省级学科带头人"以及"市级名师"等专项补贴政策，将边远山区教师补助津贴纳入财政预算。2017 年，Y 县发放各项补贴 1936.53 万元；投入 1172 万元，增加教师周转房 378 套，为农村教师队伍的稳定创造了良好的外部条件。2018 年，Y 县投入 1 亿元，对全县所有义务教育学校实施"提升改造"工程，真正实现"最好的房子在学校，最美的环境在校园"。同年，Y 县入选 2018 年度全国义务教育发展基本均衡县。2020 年，Y 县教育支出和生均教育支出分别为 86020 万元和 11868 元，分别比上一年增长 6% 和 7.3%。近年来，Y 县努力推进义务教育优质均衡发展工作，在"十三五"期间，Y 县新（改）建公办幼儿园和义务教育学校 260 所。2021 年，全县小学优质均衡指标校际综合差异系数为 0.385，初中综合差异系数为 0.3139，全县义务教育阶段的校际综合差异明显缩小。

二、Y 县农村地区教师流动概况

（一）单向流入

为有效解决农村教师数量不足、流失较多等问题，Y 县通过公开招聘，大力吸引教师进入农村学校任教。其招聘方式大致分为三类：第一，编制内招聘，主要包括全省统招、特岗教师招聘、"三定向"毕业生招聘、"支教"等，具有从事教育行业资格的人员可通过网上报考，录用后享受事业单位编制的待遇。第二，编制外聘用制（合同制），Y 县从 2018 开始计划通过非在编聘用制招聘教师 190 人，其中小学教师 120 名。第三，引进 Y 县籍外地教师。从 2016 年起，Y 县开通"绿色通道"，吸引了 30 余名具有国家正式编制的在外地工作的 Y 县籍教育专业人员调回 Y 县工作。截至 2019 年 9 月，Y 县共引进 78 名教育专业技术人员回县工作。近几年，Y 县按照"缺一补一"的原则，通过全省统招、"特岗计划"、"三支一扶"、政府购买服务等方式新增教师 900 余名，全部补充到农村，实现师资队伍达到标准配置。

（二）单向流出

为了给广大农村教师提供自我发展的平台，创造一个城乡教师公平竞争的环境，Y 县实施了公开选调中小学教师进城任教的方案。该方案的实施，有效地激发了广大农村教师的工作热情，提高了农村教师教书育人的积极性，对提高农村学校的办学质量，进一步疏通拓宽农村教师向上流动的通道，起到了一定的积极作用。2016—2018 年，Y 县分别公开选调了 63 名、70 名、165 名中小学教师进城任教。2019 年，Y 县又公开选调了 18 名初中教师和 31 名小学教师进城任教。

（三）双向交流

教师交流是指通过有组织、有计划地互派教师、互相观摩教学和教研等活动，促进教师的相互学习和教育教学质量的提高。自2015年起，Y县大力推进校长教师交流轮岗制度，并将"行政管理"的理念引入全县义务教育学校校长的管理体制中。Y县采取"片长制"管理，在全县东南西北城区五大片区各选拔出两名中小学"名校长"担任"片长"，分别统筹片区中学与小学的管理，推动片区内学校的共同发展。通过加强农村教师到城区学校交流学习，引导城区教师到农村学校对口帮扶（支教）的方式，实现了城乡教师的双向交流，有效地提高了教师的业务水平。

三、农村地区教师流动存在的问题

（一）教师流动整体呈现出自主、单向、无序的流动特征

近年来，农村学校的办学条件不断改善，农村教师的工作环境也随之不断改善，工资福利待遇不断提高。但是农村教师的工作环境、生活条件，尤其是福利待遇与城区教师相比仍存在一定差距，致使部分农村教师在心理上产生了落差。因而，城乡间的教师流动仍然具有显著的城乡空间差异性。[1] 教师作为一种职业，具有获得合理报酬的权利，当教师工资福利待遇等未达到心理预期时，就会选择地理上的迁移、工作上的调动。虽然教师流动有其合理性和现实意义，但是就当前农村教育发展的现实境况而言，农村学校教师流动整体呈现出自主、单向、无序的流动特征。从外部流动来看，部分教师选择通过考公务员、事业单位或研究生等方式离开工作岗位；从内部流动来看，呈现出从农村小微学校单向流往城镇学校

---

[1] 尹建锋. 城乡教师流动的空间正义及其实现[J]. 教育研究，2020，42（1）：136.

的趋向。[1] 尤其是伴随着我国城镇化进程的加快，大量人口从农村转移到城市，作为农村教育发展重要资源的农村教师也面临着城乡就业之间的选择。[2] 在县域范围内，农村教师流动意愿明显，县城学校成为农村教师最理想的目标流动学校，"人往高处走"的单向、上位的"向城性"流动趋势明显。农村地区教师流动的动态失衡，导致了农村教师的大量流失。根据中国教育年鉴相关数据统计，2012—2016 年，全国中小学专任教师增长了约 33 万人，而农村中小学专任教师减少了约 50 万人。农村地区教师自主、单向、无序的流动，加大了农村学校师资队伍建设的困难，影响了农村教育事业的健康发展。

（二）中青年教师和主科骨干教师流动性较大

农村教师流动的主体，是具有较高学历的优秀中青年教师和骨干教师，[3] 其流动呈现出一些特点：农村中小学男教师的流动比例高于女教师的；中青年教师流动数量较大；适婚年龄段女教师流动规模较大；农村教师的职称越高正向流动比例越大。一方面，中青年教师往往有着较高的学历或丰富的从教经历，流动意愿较为强烈。即便是刚参加工作的青年教师，也大多是把农村学校当作流入城镇学校的"跳板"，积累到足够的教育教学经验后，就会多方寻求机会流动到城镇学校。根据《中国农村教育发展报告（2013—2014）》的相关数据，在流动教师的年龄结构方面，78.47%的农村教师在 21 岁至 35 岁期间离开原来工作的岗位，参与教师职业内流动。其中，年龄在 26 岁至 30 岁的教师人数最多，占 33.45%。[4] 中青年

［1］ 吴杨，李尚群. 农村小微学校全科教师流动干预策略［J］. 教育科学论坛，2019（13）：60-64.

［2］ 安晓敏，曹学敏. 谁更愿意留在农村学校任教——基于农村教师流动意愿的调查分析［J］. 湖南师范大学教育科学学报，2017，16（4）：12-15.

［3］ 贾晓静，张学仁. 城镇化进程中农村教师流动问题的归因分析与对策［J］. 继续教育研究，2017（12）：34-36.

［4］ 超六成农村教师希望到城市任教［N］. 中国教育报，2015-1-27.

教师为寻求好的工作环境和发展机会而倾向于流动，坚守在农村学校的大多数是学历偏低或年龄较大的教师，故而农村学校出现空心化，教师队伍老龄化问题日益突出。另一方面，在农村学校中，一名教师通常教授一门主科和多门副科，他们是学校教育教学工作的骨干力量和中坚力量。他们在承担繁重的教育教学任务的同时，也希望有更大的发展空间，故而流动意愿也更为强烈。骨干教师的无序流动，导致个别科目的教师后继无人，如音体美教师、综合实践活动课程教师等，这加剧了农村教师学科结构的失衡。

（三）城乡教师交流支持措施不足，空转倾向明显

教师城乡交流政策是统筹城乡教育均衡、充分发展的制度红利。[1] 为了实现教育公平，推动城乡教育一体化，按照一定要求选派城市学校的教师到农村学校进行支教，并选派农村学校教师到城市学校进行培训，其目的在于改善城乡师资配置结构、交流城乡学校办学理念、提高农村教育教学水平、开阔农村教师视野。城乡教师交流是农村教师流动的一个方面，体现的是师资之间的一种双向供给和流动。但是从城乡教育交流相关政策的执行成效上看，交流轮岗制度的推进并不平衡，一些地区校长教师交流的覆盖面不够广、交流力度不够大、激励保障不够完善，交流流于形式而没有取得实质性效果。农村教育质量提升成效不明显，而教师交流的问题频现。[2] 这一方面是由于城乡教师队伍的质量存在较为显著的差异，城乡教师交流轮岗在一定程度上削弱了城镇学校师资队伍的力量，因而城镇学校为巩固教学质量而不愿意放走优秀教师。另一方面是由于城乡间交通条件、生活水平、工作条件等方面的差异，导致教师群体对交流轮岗热

[1] 周国斌，杨兆山. 论城乡教师交流政策的完善与落实[J]. 教育研究，2017，28(11)：100-104.
[2] 赵永勤. 教师交流制下农村中小学教师的贫困文化阻抗及其消解[J]. 基础教育，2012，9(5)：87-91.

情不高。同时，个别地区在开展城乡教师交流时，并没有关注农村学校的师资队伍现状，未能与农村学校的师资建设、教学需求形成有效对接，导致教师交流过程的形式化。

四、促进农村地区教师合理有序流动的建议

（一）树立人才意识，尊重教师专业地位

人才意识是一种对人才价值的认可意识，是一种尊重人才人格和权利、尊重人才价值和个体需求的意识。人才意识是一种全面发展的目的意识，它为人的全面发展奠定坚实的基础。[1] 现代社会是一个分工高度精细化和专业化的社会，教师职业的出现也是社会分工的产物。作为社会专业技术人员，教师为社会的发展作出了突出贡献，教师职业在社会职业体系中占据着不可替代的重要地位。教师专业地位的形成，是教师通过自身的专业素养和贡献，获得的社会权利和教育权利。教师专业地位是一种法定的地位，由国家通过法律加以确定，并在教师的专业活动中得以体现。[2] 在尊重劳动、尊重知识、尊重人才、尊重创造的背景下，要加强农村教师队伍的建设。实现农村教师队伍的合理有序流动，就必须牢固树立人才意识，承认和尊重教师的专业地位。否则，就可能导致天下皆才而满目无才的乱象。农村学校应确立教师是学校发展的第一资源、第一资本、第一推动力的思想，充分尊重教师的专业地位，尊重教师的劳动成果，尊重教师的劳动价值，尊重教师的劳动创造，从而为持续提高农村学校的办学质量，深化农村教育事业改革，提供充足的人才支撑。

（二）开放人才政策，保持教师流动平衡

合理有序的教师流动有其存在意义，尤其是在城乡教育一体化发展的

---

[1]　马立群，徐群，范晓峰. 关于人才意识内蕴的元思考[J]. 学术交流，2013(9)：33-36.
[2]　郑淮. 论确保教师的专业地位[J]. 现代教育论丛，2000(4)：20-23，8.

背景下，推进教育改革必然要求打破原先固定、静止的教师人事模式，打破城乡教师无法正常流动的僵化机制。因而，无论是城乡学校，还是城乡教师，都不应谈教师流动而色变，而应转变观念，对教师流动有合理的认知和判断。允许教师流动，尤其是允许教师向上流动、多向流动和跨行业流动，确保在教师流动的过程中保持教师队伍的动态平衡，是激发农村教师队伍活力的重要措施。教师流动要靠政策引导，而教师流动政策是教师实现流动的重要依据。教师流动政策作为一项具体的教育政策，其政策价值导向的开放程度，攸关教师流动的流畅程度和教育均衡发展水平。党的十九大报告明确指出，新时代要实行更加积极、更加开放、更加有效的人才政策。政策顺，则人才聚、事业兴。对于农村教师队伍的建设，应进一步完善相应的教师流动政策，实施开放的教师人才政策，优化教师流动的顶层设计，以爱才之心、识才之智、容才之量、用才之艺，广开进贤之路、广纳天下英才，[1]　不断创新教师流动政策的路径选择，深化教师队伍建设改革，创建更加积极、开放、有效的教师人才流动机制，缩小区域之间、城乡之间、学校之间的师资差距，确保农村教师队伍在流动中保持平衡。

（三）注重人才扎根，保障教师安心从教

追求高收入和自我能力价值的实现，既是人才流动的原因，又是人才流动的目的。薪资和福利待遇在一定程度上代表了特定职业的社会价值和社会地位。教师职业同社会其他职业一样，都是靠知识、汗水和辛勤劳动获得合法报酬的。从这一角度来看，教师职业并不必然与清贫挂钩，安贫乐道不是教师应有的职业面貌。恰恰相反，正是由于教师从事的是教书育人的崇高事业，因此，就更要提高教师的薪资福利待遇，让教师职业真正成为令人尊崇的职业。要稳定农村师资队伍，确保农村教师从"短期引进"

---

[1]　沈荣华. 人才意识从何而来[N]. 光明日报，2013-10-2.

转向"长期使用",引导农村教师从"临时落脚"到"永久扎根",让农村教师从"适应水土"到"落地生根"进而"开花结果"[1]。第一,应确保教师的工资待遇逐年稳步上升,保障城乡教师工资均等,真正实现"同工同酬",并重点关照农村地区教师的福利待遇,使教育资源更多地向工作在农村地区的教师倾斜,从而吸引农村教师扎根农村,服务农村教育事业。第二,应加大中央和省级财政义务教育经费的分担比例,提高义务教育财政比例,同时应拓宽经费来源渠道,多方筹集财政性教育经费,持续改善和优化农村学校的办学条件和办学环境,为农村教师营造良好的生活环境和工作条件。

(四)重视人才培养,点亮教师发展空间

人才的成长是一个复杂的系统工程,它贯穿于人才个体的整个生命周期。人才的成长过程涉及因素众多,其中,流动是人才成长的重要途径。人才的流动过程也是人才成长的过程,在流动中获得成长,在流动中实现价值,是生命个体选择流动的重要目的。当成长发展的通道受阻时,就会激发个体寻求流动的动机。因此,要稳定农村教师队伍,实现农村教师的合理流动,就应重视人才培养,打通教师成长通道,点亮教师发展空间,满足教师自我发展的需要。第一,提高农村教师交流话语权。无论是城市教师还是农村教师,想要取得成绩都需要有耐心和爱心,都要付出时间和汗水,都要有责任感和创造力。因而,城乡教师的职业地位应是平等的,城乡教师交流的双方也是平等的,城乡教师各有其优点与长处。通过提高农村教师交流话语权,大力推广和奖励农村教师教学研究成果,从而提高农村教师的职业获得感和幸福感,确保城乡教师交流达成彼此相互学习、相互取长补短的交流目的。第二,采取集中培训与校本培训相结合的方式,立足区域内农村教师实际,面向全体教师,做到量体裁衣,确保培训

---

[1] 沈荣华. 中国特色人才理论的发展与创新[N]. 中国组织人事报,2018-3-14.

内容丰富，培训方式多样，铺就农村教师专业成长的道路。第三，以现代信息技术为依托，开展远程网络培训，培养和提高农村教师运用现代教育技术和终身学习的能力，帮助其适应教育现代化教学的需要。

第 三 节

农村留守儿童义务教育质量保障

农村留守儿童是在我国长期的城乡二元体系松动过程中产生的一群"制度性孤儿"，是社会转型期的一个新生弱势群体。农村留守儿童问题是"三农"问题的核心之一，其中学校教育问题又是农村留守儿童所面临的一个核心问题。切实提高农村留守儿童义务教育质量，是整体提高农村义务教育办学质量的重要内容。

一、留守儿童是农村学校中的特殊群体

留守儿童是指父母双方外出务工或一方外出务工而另一方无监护能力的不满十六周岁的未成年人。近年来，随着我国经济社会发展和工业化、城镇化进程推进，一些地方农村劳动力为改善家庭经济状况、寻求更好的发展，走出家乡务工、创业，但受工作不稳定和居住、教育等客观条件限制，有的家庭无法带着子女一同外出务工，只能选择将未成年子女留在家乡交由他人监护照料，导致农村留守儿童大量出现。留守儿童要么是由在家的单亲(一般是母亲)看护，要么交由祖父母、亲戚、邻居等代为照顾，儿童成长的原生家庭环境遭到破坏，导致留守儿童在家庭教育、生活健康、安全保护等方面难以得到保障，有的留守儿童从小就染上了不良的社会习气，有的则因长期压抑而导致了行为的偏差或性格的扭曲，部分留守

儿童甚至成为让人难以置信的一系列"恶性事件"的主谋者或被害人。[1] 2016 年，国家发布的《关于加强农村留守儿童关爱保护工作的意见》指出，农村留守儿童问题是我国经济社会发展中的阶段性问题，是我国城乡发展不均衡、公共服务不均等、社会保障不完善等问题的深刻反映。

根据 2010 年全国第六次人口普查资料中的样本数据推算，全国有农村留守儿童 6102.55 万，占农村儿童的 37.7%，占全国儿童的 21.88%。[2] 全国每五个孩子中，就有一个农村留守儿童。[3] 2015 年，全国义务教育阶段在校生中农村留守儿童共 2019.24 万人。其中，在小学就读 1383.66 万人，在初中就读 635.57 万人。[4] 党的十八大以来，习近平总书记多次就加强农村留守儿童关爱保护作出重要指示。2015 年习近平总书记在贵州调研时强调，要"关心留守儿童、留守老年人，完善工作机制和措施，加强管理和服务，让他们都能感受到社会主义大家庭的温暖"。[5] 2015 年，国务院在颁布的《国家贫困地区儿童发展规划（2014—2020 年）》中，明确提出要健全留守儿童关爱服务体系。2016 年，国务院出台了《关于加强农村留守儿童关爱保护工作的意见》，该文件提出了关爱农村留守儿童的指导思想、基本原则和总体目标，并在完善农村留守儿童关爱服务体系，建立健全农村留守儿童救助保护机制，从源头上逐步减少儿童留守现象，强化农村留守儿童关爱保护工作保障措施等方面，对农村留守儿童关爱工作做了相关要求和安排。2018 年国家印发的《乡村振兴战略规划（2018—2022 年）》提出，要为农村留守儿童及其他困境儿童提供关爱服务。要帮助留守

---

[1] 叶敬忠，王伊欢，张克云，陆继霞. 对留守儿童问题的研究综述[J]. 农业经济问题，2005（10）：75-80，82.

[2] 全国妇联：中国农村留守儿童数量超 6000 万[EB/OL]. 新华网，http：//news. xinhuanet. com/politics/2013-05/10/c_ 115720450. htm.

[3] 魏铭言. 留守流动儿童数量逼近 1 亿[N]. 新京报，2013-5-10.

[4] 2015 年全国教育事业发展统计公报[EB/OL]. http：//www. moe. edu. cn/srcsite/A03/s180/moe_ 633/201607/t20160706_ 270976. html.

[5] 姜萍萍，秦华. 习近平在贵州调研时强调 看清形势适应趋势发挥优势 善于运用辩证思维谋划发展[J]. 当代贵州，2015（24）：12.

儿童通过自身努力改变贫困的命运，就必须依靠教育事业的发展。教育是消除儿童贫困、切断贫困代际传递的重要途径，对国家长远的减贫战略具有重要意义，而且在人的发展中，儿童时期的教育回报率最高，对贫困地区儿童的干预越早，效果就越明显。学校是留守儿童生活学习的重要场所，同时也是留守儿童成长发展的主要场域，而留守儿童是学校教育中的特殊群体，需要给予更多的关心与关注。

二、调查基本情况

（一）样本选取说明

X 县是一个历史悠久的千年古县。该县国土面积 3215 平方公里，位于江西省中南部，雩山支脉绵延全境，地貌以低山、丘陵为主。由于农村产业开发的条件差，可开发利用的土地少，产业结构调整存在局限，产业结构升级缓慢，因此 X 县的社会经济发展存在诸多困难，部分社会经济发展指标仍处于相对较低的水平。2021 年，全县地区生产总值 225.85 亿元，同比增长 8.3%，全县财政总收入 23.07 亿元，同比增长 8.4%，总人口 858754 人，其中乡村人口 634626 人，占全县总人口的 73.9%。由于大量劳动力外出打工，X 县出现了很多留守儿童。2022 年，X 县有未成年人口 23.53 万人，其中，留守儿童 1.5 万名，这些留守儿童广泛分布在中小学。因此，选取 X 县作为留守儿童义务教育现状研究的样本，具有很强的针对性和现实意义。

（二）X 县教育概况

2021 年，X 县共有各级各类学校 849 所，其中初中 27 所，小学 235 所，教学点 171 所，九年一贯制学校 2 所。在校学生共计 173627 人，其中初中 46060 人，小学 70614 人。全县在校教职工 12175 人，其中小学教职工 4738 人，中学在职教职工（含高中）4963 人。全县校园占地面积 397.33

万平方米，校舍面积 182.14 万平方米。小学生、初中生入学率均达100%。[1] 2020 年，总投资 949.5 万元，承担着全县中小学校园网汇聚管理的教育城域网全线运行，为全县教育数字资源日趋丰富和广泛共享奠定了坚实的基础。2021 年，全县一般公共预算支出 56.62 亿元，其中教育支出 17.84 亿元，增长 0.1%。

（三）X 县留守儿童义务教育的工作及成效

1. 加强寄宿制学校基础设施建设

X 县以行政村、留守儿童集中的寄宿制中小学校为单位，规划建立留守儿童"亲情家园"，并对寄宿制学校实行标准化、规范化建设，做到了"六有"：有一条亲情热线、一台电脑(能够上网和视频)、一台数字电视机、一台影碟机、一千册儿童少年读物、一套文体活动器材(桌椅、书架等配套设施齐全)。X 县通过开展"相守计划"活动，争取相关基金会的支持，截至 2022 年 4 月，针对留守儿童已开展了 8 期活动，通过开展手工类、文艺类、运动类、生活类等 30 多个项目，让教师与留守儿童学相守、玩相守、爱相守，受益人数累计 56 万人次。同时，为妥善解决留守儿童的饮食问题，为留守儿童的成长提供充足全面的营养，2015 年，X 县在社会力量的帮助下，实施了"相守计划"之"合理营养健康成长"项目系列活动。该项目采用申请制和校长负责制，以小学校长为项目负责人，所在学校留守老师为项目执行人，从而为项目的顺利实施奠定了良好的基础。同年，市妇联为 X 县留守儿童"亲情家园"投资 25 万元民生项目，并通过政府采购，为留守儿童添置了崭新的学习设施设备及生活用品。

2. 强化留守儿童安全管理

为切实掌握留守儿童的基本情况，X 县妇联以创建"平安家庭县"为载体，组织力量对父母全年累计外出 6 个月以上的在家儿童情况进行调查摸

---

[1] 数据来源于 S 县 2021 年国民经济和社会发展统计公报。

底，并为留守儿童建立台账和动态信息库，对留守儿童的父母去向、代理监护、代管家长、家庭情况、联系方式、在校表现、思想动向、学习成绩等逐一造册，以及时把握留守儿童情况的变化。同时，为撑起留守儿童安全快乐成长的一片蓝天，X县还积极组织各方力量深入校园，并以多种形式为留守儿童提供安全知识，如悬挂横幅标语，摆放宣传展板，张贴宣传画等。这些知识涵盖了留守儿童在日常生活中可能触及的安全问题，如交通安全、防溺水、预防食物中毒、火灾的预防与自救、用电安全、预防传染病、预防拐骗、不参加迷信和邪教组织等，为进一步提高留守儿童的安全意识和自我防范意识奠定了坚实的基础。为疏导留守儿童的心理问题，X县深入开展心理咨询活动，在全县中小学开设心理咨询室，配备专（兼）职心理咨询师，对问题学生重点开展心理健康教育。同时，开展"万师访万家"活动，每年暑假动员7000多名教师家访，对有困难的儿童进行帮教、帮学、帮困，每年受益儿童约1.5万名。

3. 打造学校、家庭、社会三位一体的关爱网络

为营造全社会关注和关心留守儿童的良好氛围，X县着力打造学校、家庭、社会三位一体的留守儿童工作运作机制，启动并长期坚持"爱心妈妈"结对帮扶留守儿童活动，重点帮扶父母均在外务工，家庭贫困且年龄在14周岁以下的儿童。"爱心妈妈"弘扬奉献、友爱、互助、进步的志愿者精神，积极维护儿童合法权益、帮扶困难留守儿童群体。"爱心妈妈"用爱心温暖童心，在一定程度上弥补了留守儿童的亲情缺失，营造了共同关注留守儿童的良好氛围。X县还积极优化稀缺资源，为留守儿童设置了"爱心电话""亲情电话"，为留守儿童编织起健康成长的亲情网络。同时，社会各界也在关注留守儿童的成长，2014年，教育部在X县启动"圆梦蒲公英——乡村学生看县城"活动，组织农村学生到县城博物馆、科技馆、青少年活动中心、少年宫等校外活动场所参观学习。每年的大中专学生志愿者暑期"三下乡"社会实践活动，也给予了留守儿童很大的关注。

三、留守儿童义务教育存在的问题

(一)留守儿童社会化教育存在缺失

儿童社会化,是指儿童在一定的社会条件下(包括社会关系和社会环境),逐渐独立地掌握社会规范,正确处理人际关系,从而适应社会生活的心理发展过程。[1]儿童社会化的过程,不仅是儿童从家庭走向社会的过程,也是由自然人向社会人逐步过渡的过程。而要顺利实现儿童的社会化,就需要家庭、学校、社区等诸多方面的协同努力,任何一方面的缺失,都会影响儿童的社会化进程。一方面,隔代教育作为一种新型的家庭教育模式,正冲击着传统的、由父母主导的农村家庭教育模式,这在一定程度上解释了为什么留守儿童犯罪案件比例会呈现逐年上升的趋势。另一方面,学校教育的主要职能,在于通过传递科学文化知识,开发儿童的智力,发展儿童的能力,培养儿童的品质。在家庭教育缺位的情况下,仅凭学校教育单方面的努力,难以顺利实现留守儿童的社会化进程。相对而言,留守儿童在社会化过程中,容易出现性格缺陷、心理障碍、消极思想、价值取向偏差以及社会行为规范引导的缺乏等问题。特别是部分留守儿童社会化偏差问题较为突出,如亲子分离造成的心理创伤难以疏导,性格出现攻击型与退缩型两极分化,破坏公物、与社会一些不法人员结伙敲诈同学钱财等不良行为等。[2]

(二)寄宿制学校办学条件有待改善

为了优化农村教育资源配置,促进城乡教育均衡发展,我国实施了农

---

[1] 杨菁,王晓宇. 论中国的家庭暴力对儿童性别角色社会化的影响[J]. 理论月刊,2005(3):109-111.

[2] 邓纯考. 农村留守儿童社会化困境与学校教育对策:对浙南 R 市的调查与实践[J]. 浙江社会科学,2012(5):78-85, 157.

村中小学布局调整。而寄宿制学校的开办，不但推进了中小学布局调整的步伐，而且也为留守儿童营造了第二个家。让留守儿童在寄宿制学校就读的初衷，是将留守儿童统一集中在乡镇中心学校，以促进乡村留守儿童养成良好的生活行为、习惯，并在一定程度上弥补家庭教育缺失带来的不足。而由于农村地区社会经济条件相对落后，农村学校面临着一个共同的问题：教育经费的相对短缺。寄宿制学校的办学力量还比较薄弱，硬件设施配套不足，难以为留守儿童的日常生活和学习提供足够的支撑。虽然，近年来我国对农村中小学加大了投入力度，但是财政性教育经费投给农村地区的比例仍相对较小，与城市里的重点学校或示范学校相比，差距仍然比较大。

（三）留守儿童学习目的不够明确

农村留守儿童的学习心理状态与学习成绩，一直是家庭和学校关注的重点问题。[1] 留守儿童在学习过程中会表现出诸多的问题，如缺乏良好的学习习惯、端正的学习态度，以及缺乏良好的学习计划等。但是，诸如此类的学习问题都只是留守儿童学习问题的表象，问题的症结在于留守儿童学习目的模糊不清。有相当一部分留守儿童对于"为什么要学习""为谁学习"以及"学习有什么用"等问题，认识比较模糊；有的学生深受"读书无用论"的荼毒，甚至表达了不愿意继续学习，混完初中就外出打工的想法。学习目的模糊不清，直接导致留守儿童学习缺乏主动性和积极性。尤其是在选拔性的教育机制下，学习成绩的不理想，不但加剧了留守儿童学习兴趣的丧失，而且也使留守儿童作为"教育失败者"被过早地淘汰，分流出教育体系。这无疑弱化了留守儿童通过自身努力改变自身命运的机会，触发了留守儿童作为弱势阶层的再生发机制。

---

　　[1]　戴斌荣，陆芳，付淑英. 立足健康中国关注农村留守儿童心理健康：农村留守儿童心理发展特点研究[J]. 中国特殊教育，2022(3)：3-8.

（四）思想品德教育力度有待提升

留守儿童正处在身心发展关键时期，对自身变化、人际交往等方面有着自己的理解与认识，但由此也带来了一些成长的烦恼。由于长期与父母分离，留守儿童大多由祖辈或亲友代为监护，他们更注重对留守儿童的物质生活和人身安全的管理，而忽视对留守儿童品德行为等问题的教育，从而出现监护漏洞。[1] 同时，现有相关研究也证实了亲子分离会对儿童的情绪和行为发展产生消极的影响。相较于非留守儿童，农村留守儿童的情绪控制能力更弱，行为问题也更多。留守儿童除了在学校接受教育，受到一定的约束，在校外受到的约束较少，如果留守儿童在校外受到的影响与学校教育的方向相冲突，也会对学校教育的效果产生冲击。即便是寄宿制学校的留守儿童，在周末处于无人监管的状态时，也往往会接触到一些不良信息，受到一些不良事物的影响，这些影响会冲击儿童在学校接受的教育，即常说的"5+2＝0"，留守儿童在学校接受五天教育，双休日回到家却无人管教，学校这五天的教育效率会大打折扣。而且，学校对留守儿童思想品德的教育，往往局限在课堂内，停留在教材中，生活化的德育场景难以寻觅，枯燥的理论和空洞的说教得不到留守儿童的积极反馈，更难以触发留守儿童的共鸣。

四、保障留守儿童义务教育质量的思考

（一）统筹社会力量，改善农村办学条件

留守儿童是社会转型过程中新出现的一个弱势群体，他们的父母为社会的发展作出了贡献，留守儿童有理由享受社会发展的成果，而不应成为

---

[1] 郭忠玲. 对农村留守儿童学校教育问题的思考：以河南省为例[J]. 河南社会科学，2013, 21(3)：95-97.

社会发展的牺牲品。因此，社会各界应协同努力、通力合作，以形成合力共同帮助改善农村办学条件和留守儿童的学习环境。首先，国家应加大对农村地区，尤其是欠发达地区农村学校的财政支持力度，保证农村学校运转有一个宽松的物质环境，使学校的日常教学管理活动是依据教育发展、儿童成长的规律和需求运转，而不受教育经费短缺的限制。与此同时，国家应在建立健全农村留守儿童关爱服务体系中起到主导作用，大力倡导社会各界加大对留守儿童的关注程度，并积极整合社会各方力量，使留守儿童感受到国家和社会对他们的关心和爱护。其次，社会舆论应给予农村学校和留守儿童更多的关注，如媒体应加强宣传报道，以积极营造全社会关注农村学校、关爱留守儿童、促进留守儿童健康成长的良好氛围，让留守儿童始终成为社会关注的热点。

（二）强化亲子互动，让儿童不再留守

家庭教育是启蒙教育，在儿童成长过程中有着不可替代的作用。家庭教育对儿童发展的影响主要体现在健康安全关护、个性品质塑造、学习条件保障、生活方式建构四个方面。当今出现的留守儿童问题，是由于儿童过早地脱离正常的原生家庭教育环境，而被迫进入代理监护家庭环境或自我监护环境，由此导致其社会化的过程不同于一般的儿童。[1] 因而，家庭生态环境失衡是留守儿童出现心理行为问题的根源所在。让亲情返航，让温暖回归，要化解留守儿童的心结，呵护留守儿童健康成长，就应积极寻求多种措施，以加强亲子互动，让留守儿童不在孤单中成长。要加强亲子互动，首先，学校应树立"常规活动天天有，特色活动周周有，主题活动月月有，亲子活动年年有"的意识，加强留守儿童与父母的沟通与联系。其次，应强化政府责任，以转变经济发展方式，推进区域生产力布局调整

---

[1]　黄荣晓，邱鸿亮.留守儿童成长机制的三维建构：基于粤西农村 C 初中留守儿童案例的叙事研究[J].华南师范大学学报(社会科学版)，2018(4)：76-84，190.

和产业结构优化升级，以承接产业转移与促进特色优势产业发展为契机，大力发展当地经济，提供更多的就业岗位，增加外出务工人员就近就业的机会，让更多的人在家门口实现就业，让儿童不再留守。

（三）加强引导，营造良好的教育环境

留守儿童在学校教育中表现出的厌学、学习目的模糊不清、缺乏良好的学习习惯等，与欠佳的教育环境有密切的关系。创设良好的教育环境，是培养留守儿童学习兴趣、学习信心和优秀学习品质的关键。要营造良好的教育环境，首先应转变家庭教育理念。留守儿童的父母应从"读书无用""重智轻德"的片面观念中转变出来，要认识到教育才是改变儿童命运的最有力的方式，并根据儿童的不同特点为他们的全面发展提供优质的教育环境。[1] 同时，学校应树立现代教育理念，转变传统的、单一的"教育是给经济界提供人才"的观念，切实树立以人为本，培养全面发展的人的教育理念，真正把留守儿童当作优秀的社会公民来培养。其次，通过学校教育，应能使留守儿童的人格丰富多彩，表达方式多种多样，培养留守儿童作为一个合格的公民去承担不同的社会责任。最后，应提升教师素质，优化师资队伍结构，为留守儿童提供优质的教育资源。同时也应适当放宽农村寄宿制学校的教师编制，按一定比例配备专门的生活教师。[2]

（四）挖掘学校职能，增强留守儿童的学校认同感

原有家庭生态环境的改变，不但在一定程度上导致留守儿童出现诸如学习、心理以及行为上的问题，而且也使原本家校共育的生态环境被打破，学校教育会面临更大的压力与挑战。因此，对学校而言，应积极拓展

　[1] 卞桂平，焦晶. 农村留守儿童教育问题：现状、成因与对策：基于江西省部分市县的分析[J]. 宁波大学学报（教育科学版），2009，31(6)：55-60.
　[2] 范先佐，郭清扬. 农村留守儿童教育问题的回顾与反思[J]. 中国农业大学学报（社会科学版），2015，32(1)：55-64.

新的教育职能，发挥学校教育集中长效的优势，在正常的教育教学活动之外，积极探索可行的关爱留守儿童的措施，以增强留守儿童对学校的认同感。学校还应不断更新教育管理理念，营造宽松的育人环境，拓展教育服务的时空范围，让留守儿童在校园中得到更多的关爱与帮助。同时，作为与学生朝夕相处的老师，应积极探索新型的师生关系。师生的交往，在本质上是一种人际交往关系。而人际交往的前提是相互尊重，所以在强调尊师重教的同时，也应给予学生自尊和自信，以建立融洽的师生关系，让留守儿童在学校里收获的不仅是知识，还有人间的亲情、温暖和关爱。

（五）完善管理，丰富寄宿制学校校园生活

寄宿制学校的建设，不但为居住分散、离校较远的学生上学带来方便，而且有力地改变了农村义务教育资源布局分散、教学质量难以提升的状况。同时，在寄宿制学校，留守儿童共同学习和生活，也在一定程度上弥补了家庭教育的缺失。但是，寄宿制学校相对封闭，留守儿童在学校里除了基本的生活学习外，很难接触到校外的信息，校园生活难免单调和枯燥，不能有效吸引学生的注意力。尤其是受学校校园活动场地和设备的限制，部分学校无法开展课外活动。故而在下午放学后的较长一段时间里，很多学生无所事事，这给寄宿制学校的安全管理带来了一些难题。因此，寄宿制学校应针对留守儿童课余时间长、生活较为单一的情况，在积极改善校园基础设施建设的同时，积极开展形式多样的校园活动，搭建留守儿童活动的平台，建设丰富多彩的校园文化，以增加寄宿制学校校园生活的活力和魅力。[1]

[1] 王明露，王世忠.罗霄山片区留守儿童义务教育的现状与思考：基于江西省S县的调查[J].安徽商贸职业技术学院学报，2016，15（2）：7-11.

参考文献

[1]北京大学贫困地区发展研究院. 中国贫困地区可持续发展战略: 第二届中国贫困地区可持续发展战略论坛论文集(2008)[M]. 北京: 经济科学出版社, 2017.

[2]陈敬朴. 农村教育发展水平的质量评价研究[M]. 长春: 东北师范大学出版社, 2008.

[3]陈静漪. 从"村落中的国家"到"悬浮型有益品": 农村义务教育供给机制与政策研究[M]. 北京: 科学出版社, 2017.

[4]程红艳. 为了公平与质量: 基础教育学校变革探究[M]. 济南: 山东人民出版社, 2015.

[5]戴斌荣. 农村教育发展研究[M]. 北京: 北京师范大学出版社, 2015.

[6]范国睿. 中国教育政策蓝皮书(2020)[M]. 上海: 上海教育出版社, 2021.

[7]范国睿. 教育生态学[M]. 北京: 人民教育出版社, 2000.

[8]费孝通. 乡土中国[M]. 青岛: 青岛出版社, 2019.

[9]风笑天. 现代社会调查方法: 第六版[M]. 武汉: 华中科技大学出版社, 2020.

[10]冯增俊. 中国教育人类学研究[M]. 北京: 人民教育出版社, 2016.

［11］高洪深. 区域经济学［M］. 北京：中国人民大学出版社，2019.

［12］高家伟. 教育行政法［M］. 北京：北京大学出版社，2007.

［13］谷中原，吴晓林. 农村社区建设与管理［M］. 北京：北京大学出版社，2012.

［14］国务院发展研究中心课题组. 高质量发展的目标要求和战略重点［M］. 北京：中国发展出版社，2019.

［15］郭彩琴，宋国英. 城乡教育一体化战略研究：以江苏苏南地区为例［M］. 苏州：苏州大学出版社，2014.

［16］郝大海. 社会调查研究方法：第四版［M］. 北京：中国人民大学出版社，2019.

［17］胡俊生. 农村教育城镇化研究［M］. 北京：中国社会科学出版社，2014.

［18］胡耀宗. 基础教育质量发展报告（2019）［M］. 上海：华东师范大学出版社，2021.

［19］胡兆量，韩茂莉，汪一鸣. 中国区域发展导论：第三版［M］. 北京：北京大学出版社，2019.

［20］黄志成，程晋宽. 教育管理论［M］. 上海：上海教育出版社，2001.

［21］贾勇宏. 人口流动中的教育难题：中国农村留守儿童教育问题研究［M］. 北京：中国社会科学出版社，2013.

［22］教育部基础教育质量监测中心. 如何开展中小学校督导评估［M］. 北京：教育科学出版社，2013.

［23］金碚，陈耀，刘肇军. 中国区域经济学前沿：后发赶超与转型发展（2012—2013）［M］. 北京：经济管理出版社，2013.

［24］李化树. 公平与均衡：中小学薄弱学校改造与发展研究［M］. 成都：西南交通大学出版社，2011.

［25］李玲. 构建城乡一体化的教育体制机制研究［M］. 北京：经济科

学出版社，2015.

[26]李锐. 农村教育的社会学研究[M]. 北京：中国社会科学出版社，2013.

[27]栗玉香. 公共教育财政制度：生成与运行[M]. 北京：中国财政经济出版社，2004.

[28]联合国教科文组织国际教育局. 教育公平与学习质量：基于证据的参与式过程[M]. 华东师范大学，译. 上海：华东师范大学出版社，2016.

[29]联合国教科文组织国际教育局. 教育和教育质量的关键问题：来自发展中国家的经验[M]. 华东师范大学，译. 上海：华东师范大学出版社，2015.

[30]联合国教科文组织国际教育局. 教育质量改进与教师发展的多维视角[M]. 华东师范大学，译. 上海：华东师范大学出版社，2013.

[31]刘宝存. 国际基础教育质量评价标准与政策[M]. 上海：上海教育出版社，2020.

[32]刘惠林. 中国农村教育财政体制[M]. 北京：社会科学文献出版社，2012.

[33]鲁可荣. 后发型农村社区发展的驱动力研究：对北京、安徽三村的个案分析[M]. 芜湖：安徽师范大学出版社，2010.

[34]马华威. 义务教育高位均衡发展行动研究[M]. 北京：光明日报出版社，2011.

[35]秦建平. 统筹城乡教育综合改革成都发展模式：从资源配置一体化到城乡教育质量一体化[M]. 北京：科学出版社，2017.

[36]秦玉友. 农村教育体系调整研究[M]. 长春：东北师范大学出版社，2008.

[37]任顺元. 学校特色与特色学校建设[M]. 杭州：浙江大学出版社，2010.

[38]邵光华,仲建维,郑东辉,等. 基础教育优质均衡发展研究[M]. 杭州:浙江大学出版社,2011.

[39]宋璇涛. 后发区域追赶战略:理论思考与实践探索[M]. 北京:社会科学文献出版社,2008.

[40]孙锦涛. 教育政策学[M]. 北京:中国人民大学出版社,2010.

[41]孙远航. 薄弱学校改造与发展[M]. 上海:华东师范大学出版社,2006.

[42]谭细龙. 探寻农村教育发展之路[M]. 合肥:安徽教育出版社,2009.

[43]汪传艳. 农村义务教育经费保障新机制改革研究[M]. 北京:科学出版社,2017.

[44]汪琪. 区域教育质量监测体系研究[M]. 杭州:浙江大学出版社,2015.

[45]王必达. 后发优势与区域发展[M]. 上海:复旦大学出版社,2004.

[46]王定华. 全面推进义务教育均衡发展[M]. 北京:人民教育出版社,2012.

[47]王嘉毅. 多维视角中的农村教师[M]. 北京:北京师范大学出版社,2011.

[48]王璐. 均衡与优质:教育公平与质量[M]. 济南:山东教育出版社,2015.

[49]王世忠. 教育管理学:第二版[M]. 北京:科学出版社,2014.

[50]王世忠. 现代学校管理学[M]. 北京:科学出版社,2018.

[51]王正惠. 模糊-冲突矩阵中的利益博弈:城乡义务教育一体化政策运行研究[M]. 北京:科学出版社,2016.

[52]翁乃群. 村落视野下的农村教育:以西南四村为例[M]. 北京:社会科学文献出版社,2009.

[53]邬志辉，秦玉友. 中国农村教育发展报告2019[M]. 北京：北京师范大学出版社，2020.

[54]吴德刚. 中国农村教育综合改革研究[M]. 北京：教育科学出版社，2011.

[55]吴霓. 农村留守儿童教育现状及问题实证研究[M]. 合肥：安徽教育出版社，2015.

[56]肖正德. 农村教师的发展状况和保障机制研究[M]. 杭州：浙江大学出版社，2014.

[57]徐锐，鲁艺，等. 农村社会调查方法[M]. 北京：科学出版社，2019.

[58]许世红. 基础教育质量监测研究[M]. 广州：广东高等教育出版社，2016.

[59]杨会良. 当代中国教育财政发展史论纲[M]. 北京：人民出版社，2006.

[60]杨明，赵凌，李舜静. 北仑机制：区域基础教育质量评价研究[M]. 杭州：浙江大学出版社，2013.

[61]杨润勇，等. 中国农村教育发展报告2010—2020[M]. 北京：科学出版社，2022.

[62]姚松. 农村教育布局调整中的利益博弈[M]. 北京：科学出版社，2022.

[63]姚永强. 新时期下我国义务教育均衡发展方式的转变[M]. 北京：中国社会科学出版社，2016.

[64]叶澜. "新基础教育"论：关于当代中国学校变革的探究与认识[M]. 北京：教育科学出版社，2006.

[65]叶敬忠，吴惠芳，孟祥丹. 中国农村教育：反思发展主义的视角[M]. 北京：社会科学文献出版社，2015.

[66]叶敬忠，杨照. 关爱留守儿童：行动与对策[M]. 北京：社会科

学文献出版社，2008.

[67]于海波，于冰.农村义务教育教师补充机制研究[M].北京：科学出版社，2019.

[68]于海英.县域义务教育教师质量监控问题研究[M].北京：冶金工业出版社，2018.

[69]余漫.贫困地区农村基础教育资源配置公平性研究[M].北京：社会科学文献出版社，2015.

[70]袁桂林.中国农村教育发展指标研究[M].北京：经济科学出版社，2009.

[71]张济正.学校管理学导论[M].上海：华东师范大学出版社，1990.

[72]张乐天.教育政策法规的理论与实践：第四版[M].上海：华东师范大学出版社，2020.

[73]张培刚.发展经济学[M].北京：北京大学出版社，2009.

[74]张思锋.公共经济学[M].北京：中国人民大学出版社，2015.

[75]张旺.城乡义务教育一体化发展研究[M].北京：教育科学出版社，2017.

[76]张卫光，孙鹏.北京市海淀区小学义务教育教学质量分析与评价研究报告[M].北京：北京师范大学出版社，2010.

[77]张新平.义务教育优质学校办学标准研究[M].北京：科学出版社，2015.

[78]曾天山.教育扶贫的力量[M].北京：教育科学出版社，2018.

[79]赵国祥，王振存，赵申苒.义务教育均衡发展视阈下教育资源的科学配置和有效运用[M].北京：科学出版社，2016.

[80]周皓.流动儿童发展的跟踪研究[M].北京：北京大学出版社，2014.

[81]周晔.农村教育综合改革政策的理路转向：由农村"三教统筹"到

城乡教育统筹[M]. 北京：中国社会科学出版社，2017.

[82]朱建江，宗传宏，李娜. 区域发展导论[M]. 上海：上海社会科学院出版社，2020.

[83]邹东颖. 后发优势与后发国家经济发展路径研究[M]. 北京：经济科学出版社，2009.

[84]左萍. 薄弱学校改造与建设[M]. 长春：东北师范大学出版社，2009.

[85]柯武刚，史漫飞，贝彼得. 制度经济学：财产、竞争、政策：修订版：第二版[M]. 北京：商务印书馆，2002.

[86]帕斯隆. 再生产：一种教育系统理论的要点[M]. 北京：商务印书馆，2002.

[87]涂尔干. 教育思想的演进[M]. 北京：商务印书馆，2016.

[88]欧文斯. 教育组织行为学：适应型领导与学校改革[M]. 窦卫霖，温建平，译. 北京：中国人民大学出版社，2007.

[89]阿普尔. 全球危机、社会公平和教育[M]. 李慧敏，译. 北京：中国政法大学出版社，2012.

[90]库姆斯. 世界教育危机[M]. 赵宝恒，译. 北京：人民教育出版社，2001.

[91]惠迪. 教育中的放权与择校、学校、政府和市场[M]. 马忠虎，译. 北京：教育科学出版社，2003.

[92]格尔茨. 地方知识：阐释人类学论文集[M]. 杨德睿，译. 北京：商务印书馆，2014.

[93]杜里-柏拉. 学校社会学[M]. 汪凌，译. 上海：华东师范大学出版社，2003.

[94]麦克德莫特. 掌控公立学校教育：地方主义与公平[M]. 周玲，杨旻，译. 北京：教育科学出版社，2007.

[95]鲍尔. 教育改革：批判和后结构主义的视角[M]. 侯定凯，译.

上海：华东师范大学出版社，2002.

[96] 舒尔茨. 论人力资本投资 [M]. 北京：北京经济学院出版社，1990.

[97] 恩旺克沃. 教育管理的理论与实践 [M]. 史景文，张耀源，译. 北京：教育科学出版社，1987.

[98] 贝尔菲尔德. 教育经济学 [M]. 曹淑江，译. 北京：中国人民大学出版社，2007.

[99] 布什. 当代西方教育管理模式 [M]. 强海燕，译. 南京：南京师范大学出版社，1998.

后 记

本书是在 2016 年主持的江西省社科青年项目的研究成果，以及后续关于农村教育相关研究成果的基础上整合而成的。本书从选题撰写到结题出版，经历了一个较长的时间。真正算起来，2018 年底，初稿就已经完成，当时也为之暗自欣喜，觉得自己即将独立出版人生中的第一本著作。但是，后来由于工作和考博的原因，出版的事便放下了。博士毕业后，重新拿起当年的初稿认真审读，这才发现当时的书稿只能算是半成品。一是书稿的逻辑思路尚未完全厘清，全文的谋篇布局也还不够成熟；二是未能精准地抓住农村教育高质量发展的精神和灵魂。针对上述问题，我重新理顺了撰写的逻辑思路，进一步调整和完善了书稿的分析框架，并将一些略显冗长的话语和章节删除。本书从初稿到定稿，其间虽数易其稿，但依然觉得有诸多不足之处，由此也深感学术专著绝不是一朝一夕能完成的，而是值得绵绵用力，方能久久为功。

之所以选择农村教育作为研究对象，一是学术志趣使然。从 2011 年读研开始接触农村教育，至今已有十余年的时间。在最初接触农村教育时，就感觉这是一个值得深入研究和探索的领域。同时，就我个人而言，关注农村教育是将个人兴趣与学术研究结合的最佳点，这使我对农村社会和农村教育的发展始终充满着浓厚的研究兴趣。二是研究农村教育问题的意义重大。中国自古以来就是一个农业大国，"三农问题"是关系国计民生的根本性问题。农村教育历来是中国教育改革的重点领域，同时也是落实乡村振兴战略和建设教育强国的关键环节。在建设高质量教育体系，努力办好人民满意的教育的愿景和实践中，农村教育肩负重要的时代使命。三是在工作和学习中，连续多年承担小学教育专业学生教育学原理等课程的教学工作，以及赴湖北恩施和长阳、湖南湘西和永州、甘肃临夏和甘南、青海互助和循化、广东连山、江西赣州和宜春及吉安、宁夏闽宁等地开展教育调查的实践经历，使我能够持续保持对农村教育事业改革和发展的关注。

2019 年 9 月底，跟随课题组赴甘肃甘南开展教育均衡发展调研，当地最低温度已接近 0 ℃。在调研的过程中了解到，高寒阴湿的自然环境导致学校面临着取暖费用增多的现实问题。这让我体认到区域环境对教育事业发展的深刻影响，也进一步加深了对教育的发展不能脱离区域发展的实际以及区域因素在相当程度上影响和制约着教育事业发展的理解。这也让我认识到，立足于区域，才有可能改变就教育谈教育的现实困境，跳出"只见树木，不见森林"的思维陷阱。

于我而言，本书的出版是一次考验，也是我学术生涯的一个关键节点。得益于本书的出版，才得以使自己原本关于农村教育零散的观点和思考得到较为系统的梳理。也正是得益于本书的出版，才使得原本在调研过程中获得的关于农村教育片段化的认知，能够联结成一幅相对完整的农村教育图景。我坚信农村教育在自身的发展历程中，能够形成独有的办学特质，也相信农村教育能够走出一条有别于城市教育但同样成功和精彩的道路！